永恒的信仰

刘巍——主编

湖南人民出版社·长沙

本作品中文简体版权由湖南人民出版社所有。
未经许可，不得翻印。

图书在版编目（CIP）数据

永恒的信仰 / 刘巍主编. —长沙：湖南人民出版社，2023.1（2024.8）
ISBN 978-7-5561-3144-0

Ⅰ. ①永… Ⅱ. ①刘… Ⅲ. ①学习雷锋—学习参考资料　②雷锋（1940—1962）—生平事迹　Ⅳ. ①D648

中国国家版本馆CIP数据核字（2023）第008254号

YONGHENG DE XINYANG

永恒的信仰

主　　编	刘　巍
总 编 辑	钟伦荣
责任编辑	吴向红　吴韫丽
装帧设计	侯越越
插　　画	侯越越
责任印制	肖　晖
责任校对	陈卫平

出版发行	湖南人民出版社［http://www.hnppp.com］
地　　址	长沙市营盘东路3号
邮　　编	410005
经　　销	湖南省新华书店

印　　刷	长沙艺铖印刷包装有限公司
版　　次	2023年1月第1版
印　　次	2024年8月第4次印刷
开　　本	710 mm × 1000 mm　1/16
印　　张	13.25
字　　数	126千字
书　　号	ISBN 978-7-5561-3144-0
定　　价	35.00元

营销电话：0731-82221529（如发现印装质量问题请与出版社调换）

前言

我们常说,文化是一个国家、一个民族的灵魂。雷锋精神,是红色文化的图腾之一。它有血有肉、生动鲜活,是红色文化在时代的楷模雷锋身上的真实体现。它使红色文化焕发出永恒的生机活力,助力于社会主义文化强国建设。2018年9月28日,习近平总书记在辽宁省抚顺市向雷锋墓敬献花篮并参观雷锋纪念馆时指出:"雷锋是时代的楷模,雷锋精神是永恒的。实现中华民族伟大复兴,需要更多时代楷模。我们既要学习雷锋的精神,也要学习雷锋的做法,把崇高理想信念和道德品质追求转化为具体行动,体现在平凡的工作生活中,作出自己应有的贡献,把雷锋精神代代传承下去。"

一个人无法选择自己所处的时代,但可以选择自己的人生道路。雷锋,一个年轻的共产党员,22年的芳华人生影响了几代人的成长,他是实践社会主义、共产主义思想道德的楷模,他用短暂的一生谱写了无比壮丽的人生诗篇,树立起了一座令人景仰的思想道德丰碑,成为全党、全军、全国各族人民学习的光辉榜样。60年来,学习雷锋活动经久不息,雷锋精神穿越时空、传承不息,深深融入中华民族的血脉。

雷锋精神，体现的是崇高的共产主义思想，体现的是社会主义崭新的时代风貌，体现的是中华民族优秀的传统美德，体现的是共产党人、人民军队和人民群众的血肉联系。雷锋精神所代表的先进性、时代性、民族性、群众性和实践性，激励着全党、全军、全国各族人民在中国共产党的带领下，在全面建设社会主义现代化国家新征程上奋勇前进，在实现中华民族伟大复兴征程中勇往直前。

作为一名普通的共产党员，雷锋和他的人格闪耀着信仰的光辉。作为世代传承的红色基因，雷锋精神的历史张力和传播意义，将穿透时光的尘埃，在新时代绽放新光芒。

目录

01

雷锋精神
永恒的精神旗帜 / 001

- 雷锋精神，民族精神的典范 / 004
- 雷锋精神，中华美德的传承 / 016
- 雷锋精神，思想高地的坚守 / 024

02

雷锋精神
新时代，新认知 / 035

- 时代在变，理想信念永不变 / 038
- 俭以养德，艰苦奋斗代代传 / 048
- 立足岗位，爱岗敬业作贡献 / 063

03

雷锋精神
新时代，新表达 / 079

- 雷锋精神，照亮志愿者人生 / 082
- 雷锋精神，播撒种子永流传 / 095
- 雷锋精神，平凡中焕发光彩 / 106

04

雷锋精神
新时代，新弘扬 / 117

- 激发创新勇气，弘扬雷锋精神 / 120
- 发扬优良传统，弘扬雷锋精神 / 128
- 培养奉献意识，弘扬雷锋精神 / 141

05

雷锋故事
永不磨灭的记忆 / 151

- 苦难：旧社会艰难求生 / 153
- 新生：红旗下快乐成长 / 160
- 怒放：激情燃烧的日子 / 166

后　记 / 205

01

雷锋精神
永恒的精神旗帜

《永恒的信仰》

雷锋精神是永恒的，是社会主义核心价值观的生动体现。你们要做雷锋精神的种子，把雷锋精神广播在祖国大地上。

——2014年3月11日，习近平总书记在接见部分来自基层一线的军队人大代表时的讲话中国共产党几代领导集体都对雷锋精神给予了高度评价。毛泽东亲笔题词"向雷锋同志学习"。习近平总书记旗帜鲜明地指出:"把雷锋精神代代传承下去。""雷锋、郭明义、罗阳身上所具有的信念的能量、大爱的胸怀、忘我的精神、进取的锐气,正是我们民族精神的最好写照。"是的,雷锋精神是中国的,是中华民族的,是五千多年中华优秀传统文化和红色革命文化、社会主义文化的结合。它在中华文明中汲取营养,不断传承,从而积小善为大善。雷锋精神既代表了社会主义思想道德建设的方向,又深深地扎根于人民群众之中,体现了共产主义思想与社会主义实践的统一,共产主义的人生观、价值观与中华民族传统美德的统一。雷锋精神不会由于具体历史条件的变化而褪色,反而会随着时代的进步显示出更加强大的生命力。

在新的时代,中国共产党要带领全国人民完成"四个伟大"的历史任务,更要以雷锋为学习的榜样、时代的楷模,时刻不忘初心、牢记使命,把雷锋精神继续发扬光大,坚定地把为共产主义事业奋斗终身的理念根植于心。

雷锋精神,民族精神的典范

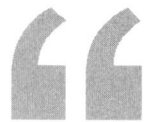

　　如果你是一滴水,你是否滋润了一寸土地?如果你是一线阳光,你是否照亮了一分黑暗?如果你是一颗粮食,你是否哺育了有用的生命?如果你是一颗最小的螺丝钉,你是否永远坚守着你生活的岗位上?如果你要告诉我们什么思想,你是否在日夜宣扬那最美丽的理想?你既然活着,你又是否为未来的人类的生活付出你的劳动,使世界一天天变得更美丽?我想问你,为未来带来了什么?在生活的仓库里,我们不应该只是个无穷尽的支付者。

　　——摘自 1958 年 6 月 7 日《雷锋日记》

1958年3月，雷锋在望城丽杰照相馆留影

雷锋，1940年12月18日出生于湖南望城一个贫困的农民家庭，1947年成为孤儿。

1949年参加儿童团，担任儿童团长。

1950年进入小学读书，1954年加入中国少年先锋队。

1956年在安庆乡人民政府担任通讯员，不久被调到中共望城县委。

1957年2月8日，加入中国新民主主义青年团（1957年5月改名为"中国共产主义青年团"）。

1957年参加根治沩水工程。

1958年2月，成为团山湖农场一名拖拉机手。

1958年11月，响应国家支援鞍钢建设的号召，到鞍钢担任推土机手。

1959年夏天，到弓长岭焦化厂参加基础建设。

1960年参加中国人民解放军，被编入工程兵某部运输连四班，当上了汽车兵。同年加入中国共产党。

1961年被选为抚顺市第四届人民代表大会代表。同年升为班长。

在入伍不到3年的时间里，荣立二等功1次、三等功2次，被评为"艰苦奋斗节约标兵"，荣获"模范共青团员"称号，出席过沈阳军区首届共青团代表会议。

1962年8月15日，因公殉职，年仅22岁。

1963年1月7日，国防部命名雷锋生前所在班为"雷锋班"。

2月，共青团中央追认他为"全国优秀少先队辅导员"。

1963年3月5日，《人民日报》《解放军报》《光明日报》《中国青年报》发表毛泽东的亲笔题词"向雷锋同志学习"。此后，每年3月5日成为学雷锋纪念日。

雷锋是一个普通的中国人，和我们一样，他也有过年少的豪迈、青春的迷茫、懵懂的爱情和对时尚的追求。他的生命长度只有22年，但他的生命厚重却早已跨越时空，影响了中国乃至世界几十年，他的生命高度早已成为一座不朽的丰碑，影响着一代又一代的人们。

时代造就雷锋，凝聚雷锋精神

一个人的生命是有限的，精神却可以永远延续，雷锋的生命答卷如此厚重，主要来源于雷锋精神的分量。

雷锋精神是以雷锋的名字命名的，通过雷锋的言行、事迹表现出来的，以雷锋的先进思想、高尚品德和崇高追求为基本内涵的一种伟大精神。雷锋精神不是雷锋事迹的简单聚合，而是对雷锋事迹所表现出的先进思想、道德观念和崇高品质的理论升华。概括起来说，雷锋精神是中华民族传统美德与社会主义精神、共产主义精神最完美的结合，雷锋的一言一行、一举一动，所表现出的是一个共产党人为实现共产主义远大理想而奋斗的精神。雷锋精神的价值取向是"人民至上"，雷锋精神的本质内涵是全心全意为人民服务。正是在这个意义上，江泽民在会见"雷锋团"官兵时提出："雷锋精神的实质，是全心全意为人民服务。"雷锋的一生没有创造惊天动地的英雄伟绩，但他把自己生命的每一分热、每一分光都无私地奉献给了人民，以对人民的真诚、火热的赤子之心以及为人民服务的实际行动，谱写了壮丽而辉煌的人生乐章。全心全意为人民服务是贯穿雷锋一生最突出、最动人、最完美的主旋律，也是雷锋精神的核心内容，它既反映了雷锋坚定的共产主义信念，又反映了雷锋无私奉献的高尚品格。

雷锋的出现和雷锋精神的产生不是偶然的。雷锋是在党的培养下成长起来的，雷锋精神是在毛泽东思想哺育和共产主义思想教育中产生出来的，深深地扎根于社会主义中国这片沃土之中。

雷锋精神的表现具体实在而又丰富多彩，让我们看看雷锋对人生重大问题的回答。

关于人生，雷锋把实现共产主义理想作为人生的最高理想，把全心全意为人民服务作为人生的目的。人为谁活着，应该怎样活着？对此，雷锋的回答是："我活着，只有一个目的，就是做一个对人民有用的人。""生为人民生，死为人民死。"他把集体主义作为人生的根本原则。雷锋的人生信条是"人活着就是为了使别人过得更美好"。他一生都在默默地为集体和他人奉献着自己的一切，把"永远力争上游"作为自己的人生态度。

关于价值，雷锋认为要为社会多作贡献，为他人多作贡献最有价值。他将"把有限的生命投入到无限的为人民服务之中去"作为自己的人生信条，坚持不懈地付诸实际行动，为人民献出了自己的满腔赤诚，脚踏实地做好自己的本职工作。

关于爱憎，雷锋强烈地热爱中国共产党，热爱社会主义，热爱人民，热爱劳动，热爱自己从事的工作。他憎恨帝国主义和反动派，憎恨极端利己主义。

关于公私，雷锋认为要处理好几个关系：正确处理国家和个人的关系，个人利益服从国家利益；正确处理个人与人民的关系，甘当人民的"老黄牛"。要大公无私，公而忘私。

关于荣辱，雷锋认为为公而荣，为私而辱。以劳动为荣，以为人民服务为荣；以损害国家利益、集体利益和他人利益，不利人专利己为辱。

关于苦与乐，雷锋认为要迎着困难前进，迎难而上是成长的必由之路。要苦干实干，以苦为乐，艰苦奋斗，以艰苦为荣，以铺张为耻。"应该处处为国家着想，事事要精打细算，不能今朝有酒今朝醉，明日愁来明日忧。"一切从自己做起，从小事做起。以民族苦乐为自己的苦乐，以助人为自己的大乐。

关于幸福，雷锋认为为共产主义事业而奋斗终身是人生的最大幸福，为他人谋利益是人生的真正幸福。不是以个人获得享受的多少为标准，而是把使他人获得快乐看作自己的幸福。实现个人幸福的途径是为人民服务的实践。给予别人的越多，自己越感到幸福。在物质需要和精神满足上，雷锋更注重精神上的满足和幸福，以给予、创造、奉献为幸福。

关于消费，雷锋的基本消费观点是：节俭朴素，顾全大局，与人民同甘苦共命运。在个人消费上，崇尚节俭，节约一针一线、一滴油、一粒米、一度电、一分钱。横向比较时，坚持生活上向低标准看齐，与人民群众同甘共苦。对有困难的同志倾囊相助，舍己为人。

关于前途，雷锋认为远大的前途寓于平凡的工作之中，个人的前途寓于祖国的前途之中，光辉的前途寓于艰苦奋斗之中。

关于他人，雷锋认为对待同志要像春天般的温暖，要谦虚谨慎，宽厚待人，要帮助别人。

每一个国家、每一个民族、每一个时代，都需要一批活生生的英雄人物来代表它的本色、形象和风貌，雷锋就是在中国共产党和中国人民的哺育下，在社会主义中国成长起来的英雄群体的代表。时代造就了雷锋，雷锋和雷锋精神又给予时代以积极而深远的影响。雷锋精神是我们民族精神的重要组成部分，也是我们民族精神的标杆和典范。

穿透历史的精神丰碑

雷锋用自己的实际行动为我们树立了一座不朽的丰碑，得到了广大人民群众的衷心敬佩，更得到了历代党和国家领导人的高度认可。毛泽东等老一辈革命家在20世纪60年代倡导全国各族人民向雷锋同志学习；邓小平从培养"四有"新人的高度，大力倡导向雷锋学习；江泽民结合新的形势和任务，对学雷锋活动提出了一系列新要求。在新时期，胡锦涛从构建社会主义和谐社会的高度，再次强调要向雷锋学习。在中国特色社会主义新时代，习近平总书记从崭新的战略高度和实现中国梦、强军梦的价值考量，进一步强调了学习雷锋精神在新时代具有更加突出的历史意义和现实意义。

从 20 世纪 60 年代至今，雷锋，这个平凡而伟大的共产主义战士，他的事迹在祖国大地到处传颂，他的崇高精神激励和影响了一代又一代人奋发向上。随着时代的车轮前行，学雷锋群众性活动的内容和形式也在发生一些变化，但雷锋精神从未因为这些变化而褪色，反而彰显出更旺盛的生命力。

1956 年，中华人民共和国完成了生产资料的社会主义改造，一种集体主义思想和崭新的道德观念，以及新的社会风尚、精神风貌逐渐形成，整个社会环境充满了学英模、赶先进，团结友爱，互相帮助，"我为人人、人人为我"的良好风气，雷锋正是在这样的时代精神熏陶下茁壮成长起来的。

学雷锋活动，最早是从沈阳部队开始的。1960 年，雷锋的典型事迹一经发现，他所在的沈阳部队工程兵政治部就开始大力宣扬他的先进事迹，请他在军内作忆苦思甜报告。新华社驻辽宁分社的几位军事记者采写了雷锋事迹，在新华社、《解放军报》、《辽宁日报》、《辽宁工人报》、《沈阳日报》、《前进报》等媒体发表。沈阳部队发出了"学习雷锋"的号召，提出"学雷锋、赶雷锋、超雷锋"的口号。在雷锋生前，他的名字已经传遍东北大地。从连队操场、空军机场、海军舰艇到工厂车间、农村的谷场，到处传颂着雷锋事迹，到处都在开展学雷锋活动。雷锋在坚持做好本职工作、抓紧理论学习外，还利用一切机会做好事，多次应邀外出作报告。他像一团火，走到哪里，哪里就会出现激动人心的场面。

从1960年底到1962年8月，中国处在严重经济困难时期，全国人民响应党中央号召，艰苦奋斗，发奋图强。雷锋因公殉职之后，他成为一面时代旗帜，激发起亿万人民奋发向上的豪情，雷锋现象应运而生。

1963年3月5日，中央媒体公开发表毛泽东"向雷锋同志学习"的题词后，迅速得到了全国党、政、军、工、青、妇等各级组织的响应和支持。全国总工会、共青团中央、全国妇联和中国人民解放军总政治部等相继做出决定，并以各种形式组织了学习和宣传雷锋的活动，全国规模的学雷锋活动迅速铺开，从青少年发展到中老年，从军内到军外，从城市到乡村，由内地到边疆，各个领域、各条战线涌现出成千上万个学雷锋标兵、雷锋式的个人和团体，可谓千万个雷锋在成长。党政军民学，东西南北中，神州大地激荡起第一次学雷锋活动热潮，吹起了一股关怀他人、助人为乐的社会主义精神文明建设的强劲东风。

1963年3月，邓小平为雷锋题词："谁愿当一个真正的共产主义者，就应该向雷锋同志的品德和风格学习。"

1975年7月14日，邓小平在中共中央军委扩大会议上说："过去军队同志坐公共汽车，向来是给老人、带娃娃的妇女让座位的，现在有的不让了。有个战士坐车，一位妇女抱着娃娃，他不让座，娃娃哭了他也不理。旁边有位老人说，雷锋叔叔不在了。从这个事情上是可以看出问题的。我们军队在这方面本来有很好的传统。"

1977年12月28日，邓小平在中央军委全体会议上又说："1975年我讲过'雷锋叔叔不在了'，'四人帮'对此大肆攻击、诬蔑，其实这不是我的话，是老百姓的话。"并进一步明确指出："人民需要雷锋。"

从1981年起，以"五讲四美三热爱"活动为标志的学雷锋热潮在全国兴起。

1982年9月，党的十二大明确了党在新的历史时期的总任务，强调社会主义精神文明是社会主义的重要特征，是社会主义优越性的重要表现，是否坚持建设高度精神文明这一战略方针将关系到社会主义的兴衰成败。要求全党和全社会的先进分子，要以模范行为带动越来越多的社会成员成为有理想、有道德、有文化、守纪律的劳动者。学雷锋活动被纳入社会主义精神文明建设的轨道，雷锋成为"四有"新人的榜样。

1990年，在以毛泽东同志为核心的第一代中央领导集体为雷锋题词发表27年后，以江泽民同志为核心的党的第三代中央领导集体为雷锋题词，号召全国人民进一步向雷锋学习，弘扬雷锋精神，为建设具有中国特色的社会主义而努力。1990年3月5日，《人民日报》《光明日报》《解放军报》等报纸发表了党和国家领导人题词的手迹。

在以江泽民同志为核心的党的第三代领导集体的领导下，20世纪90年代的学雷锋活动在全国各条战线稳步推进，一批批新的时代英雄肩负着民族的重托，迎着新世纪的曙光豪迈前进。

2011年10月18日，中国共产党第十七届中央委员会第六次全体会议审议通过的《中共中央关于深化文化体制改革推动社会主义文化大发展大繁荣若干重大问题的决定》提出，要"深入开展学雷锋活动，采取措施推动学习活动常态化"。这是新时期党的最高政策性文件对学雷锋活动的明确要求，显示了新时期党中央对于学雷锋活动的高度重视，显示了学雷锋活动本身的重要意义。

2012年3月，中共中央办公厅印发《关于深入开展学雷锋活动的意见》，提出开展学雷锋活动的总体要求：认真贯彻落实党的十七届六中全会精神，以邓小平理论和"三个代表"重要思想为指导，深入贯彻落实科学发展观，着眼于建设社会主义核心价值体系，着眼于推进社会公德、职业道德、家庭美德、个人品德建设，着眼于提升公民思想道德素质和社会文明程度，以传承和弘扬雷锋精神为主题，以青少年为重点，以社会志愿服务为载体，贴近实际、贴近生活、贴近群众，创新内容、创新形式、创新手段，广泛进行雷锋事迹、雷锋精神和雷锋式模范人物的宣传教育，广泛开展学雷锋实践活动和社会志愿服务活动，广泛普及爱国、敬业、诚信、友善基本道德规范，推动学雷锋活动常态化、机制化，形成践行雷锋精神、争当先进模范的生动局面，形成我为人人、人人为我的良好氛围。

2014年3月，习近平总书记接见部分来自基层一线的军队人大代表时，掷地有声地说："雷锋精神是永恒的。"雷锋精神永恒，是对毛泽东等老一辈革命家开启的半个多世纪学雷锋活动历史的回响，是面对现在与未来，不忘初心，坚守与超越，将红色经典进行到底的郑重宣示。

雷锋精神,中华美德的传承

党和毛主席救了我的命,是我慈祥的母亲。我为党做了些什么?当我想起党的恩情,恨不得立刻掏出自己的心,当我想起我所经历的一切太平凡了的时候,我就时刻准备着:当党和人民需要我的时候,我愿意献出自己的一切。

——摘自1961年5月4日《雷锋日记》

雷锋精神顺应了我国社会发展进步的时代潮流，彰显了社会主义先进文化的本色，内涵丰富、意蕴深刻。

习近平总书记指出，文化自信是一个国家、一个民族发展中更基本、更深沉、更持久的力量。必须坚持马克思主义，牢固树立共产主义远大理想和中国特色社会主义共同理想，培育和践行社会主义核心价值观，不断增强意识形态领域主导权和话语权，推动中华优秀传统文化创造性转化、创新性发展，继承革命文化，发展社会主义先进文化，不忘本来、吸收外来、面向未来，更好构筑中国精神、中国价值、中国力量，为人民提供精神指引。这为新时代学雷锋确立了科学坐标，明确了任务，指明了方向，雷锋精神也在新时代展现出了更强劲的历史穿透力和精神震撼力。

与中华优秀传统文化一脉相承

中华民族在五千多年文明的发展进程中，创造了博大精深的灿烂文化。中华优秀传统文化是中华民族的精神命脉，是涵养社会主义核心价值观的重要源泉，也是中华民族在世界文化激荡中站稳脚跟的坚实根基。中华优秀传统文化蕴含着丰富的思想道德资源，逐步形成了以爱国主义为核心的团结统一、爱好和平、勤劳勇敢、自强不息的伟大民族精神。它是中华民族战胜种种艰难险阻而生生不息、薪火相传的重要精神支撑，已经成为中华民族的基因，植根在中国人内心，潜移默化地影响着中国人的思想方式和行为方式，也是不同历史阶段孕育新的时代精神的文化母体。

雷锋精神汲取了中华优秀传统文化的养分,继承了中华民族的优秀品质,积淀了中华民族深层的价值追求。以爱党爱国、助人为乐、敬业奉献、锐意创新、艰苦奋斗为内涵的雷锋精神,与中华民族"天下兴亡,匹夫有责""位卑未敢忘忧国""苟利国家生死以,岂因祸福避趋之"的爱国传统相一致,与中华民族倡导的扶危济困、守望相助、民胞物与、仁者爱人的思想相一致,与中华民族遵循的敬业乐群、恪尽职守的情操相一致,与中华民族提倡的因时而变、与时偕行、自强不息、革故鼎新的理念相一致,与中华民族坚守的"成由节俭败由奢""艰难困苦,玉汝于成""民生在勤,勤则不匮"的古训相一致。在雷锋精神宝库里,体现中华优秀传统文化的精神内涵还有很多。正是中华优秀传统文化的滋养和哺育,铸就了雷锋精神的鲜亮底色,奠定了雷锋精神的文化底蕴。

在创新发展中永葆活力

雷锋精神的内涵是什么?当年,周恩来总理把雷锋精神概括为四句话:"憎爱分明的阶级立场,言行一致的革命精神,公而忘私的共产主义风格,奋不顾身的无产阶级斗志。"2012年,中共中央办公厅在《关于深入开展学雷锋活动的意见》中将雷锋精神概括为"五个弘扬",即弘扬雷锋热爱党、热爱祖国、热爱社会主义的崇高理想和坚定信念,弘扬雷锋服务人民、助人为乐的奉献精神,弘扬雷锋干一行爱一行、专一行精一行的敬业精神，弘扬雷锋锐意进取、自强不息的创新精神，弘扬雷锋艰苦奋斗、勤俭节约的创业精神。2013年3月，习近平在参加十二届全国人大一次会议辽宁代表团审议时，以"信念的能量、大爱的胸怀、忘我的精神、进取的锐气"的高度凝练，对雷锋精神做了最新概括。

这表明，雷锋精神是开放的、与时俱进的，其基本内涵是超越时空的、永恒的。这就是：忠于共产主义事业，毫不利己、专门利人，全心全意为人民服务。雷锋精神是党的先进性的生动诠释，是民族精神的生动写照，是中华民族的国宝，是人民解放军的军魂。雷锋精神生成于马克思主义中国化的历史进程，不断创新发展，永葆活力。

雷锋精神不是中华优秀传统文化的简单复制，而是对中华优秀传统文化的创造性转化和创新性发展。雷锋精神为中华优秀传统文化注入了共产党人的崇高追求和高尚境界，是民族精神在社会主义新时代的丰富和发展。雷锋精神作为中华优秀传统文化与共产主义光辉思想相结合的中国精神、中国价值，具有持久的生命力。

生动诠释中国共产党执政理念

2012年3月1日，习近平在中央党校春季学期开学典礼上指出："我们共产党人的最高利益和核心价值是全心全意为人民服务、诚心诚意为人民谋利益。"把为人民服务作为共产党员的精神家园，从本质上揭示了党的根本宗旨和内涵是更高层次的为人民服务，不是简单的"服务群众"，而是为人民奉献、为人民献身。这是习近平对党的根本宗旨和内涵的创新和发展。

中国共产党一开始就在自己的纲领性文件中开宗明义地确立了坚持马克思列宁主义，坚定地写下了"工人阶级""无产阶级"这些词语，指明和奠定了我们党的前进方向和基石。我们党从弱小到强大，从九死一生到蓬勃兴旺，从只有50多位党员到目前拥有9600多万党员、490多万个基层组织，成为世界上最大的执政党，根本原因在于我们党能"始终同人民想在一起、干在一起"，始终不忘初心、砥砺前行。

雷锋是在党的教育下成长起来的一名普通共产党员，他自觉践行全心全意为人民服务的宗旨，时时处处发挥党员的模范带头作用，以实际行动诠释了党的先进性和纯洁性的丰富内涵，彰显了共产党人的精神力量。雷锋精神以人民至上为价值取向，把关爱他人、助人为乐当作最大幸福，始终具有感动人心、温暖社会的道德温度。雷锋精神以艰苦奋斗为人生品格，崇尚勤俭节约，反对铺张浪费，追求健康情趣，彰显优良传统，具有引领文明风尚的长久魅力。雷锋精神以敬业奉献为不变信条，干一行、爱一行、专一行，用火一般的热情投入工作，始终把工作岗位作为实现人生价值的舞台。在雷锋的言论中，"党""人民""祖国""社会主义""事业"是用得最多的字眼，这些字眼是他的人生理想，是他22岁年华不忘的初心、不负的使命。他在学习笔记中写道："'紧紧地和中国人

贴着黄继光头像的雷锋日记本的扉页

民站在一起,全心全意地为中国人民服务,就是这个军队的唯一的宗旨。'我是人民的子弟兵,一定要永远牢记党和毛主席的教导,无论什么时候都要关怀、爱护人民群众的利益,为人民群众的利益而战斗不息。"

衡量一名共产党员、一名领导干部是否具有共产主义远大理想,是有客观标准的,那就是要看他能否坚持全心全意为人民服务的根本宗旨,能否吃苦在前、享受在后,能否勤奋工作、廉洁奉公,能否为理想而奋不顾身去拼搏、去奋斗、去献出自己的全部精力乃至生命。雷锋时刻以党的宗旨这把尺子衡量和告诫自己,通过思考明确了"入党为了什么、做工作干些什么、身后留下什么"的问题,绝不为个人或少数人谋私利,始终坚守共产党人全心全意为人民服务的精神家园。

2014年2月7日,习近平在接受俄罗斯电视台专访时明确提出:"我的执政理念,概括起来说就是:为人民服务,担当起该担当的责任。"这是从执政理念的高度对党的根本宗旨做出的新阐释。雷锋精神的价值取向体现了党的执政理念。雷锋精神中"把有限的生命投入到无限的为人民服务中去""甘当革命的螺丝钉",把个人的前途完全融入党和人民的事业,像钉子一样,刻苦钻研,勤于学习,积极进取,其实质和核心是为了人民的事业无私奉献,彰显了中国共产党执政为民的政治本色。

模范人物是党的先进性的载体。雷锋以自己的模范行动展现了一个平凡的共产党员、普通的士兵如何在平凡的岗位上实现对社会的责任、对国家的热爱、对党的忠诚、对人民的无私奉献，鲜活地诠释了共产党员为人民服务的宗旨，以无穷的道德感召力激发起广泛的社会共鸣，凝聚起全社会的力量，进一步强化和提升了党的先进性，巩固了党执政的社会基础。雷锋精神能够超越时代而历久弥新，其根本在于它体现了我们党全心全意为人民服务的宗旨来自人民、植根人民、服务人民，根基在人民、血脉在人民、力量在人民，与民同在，价值永存。

雷锋精神,思想高地的坚守

有些人说工作忙,没有时间学习。我认为问题不在工作忙,而在于你愿不愿意学习,会不会挤时间。

要学习的时间是有的,问题是我们善不善于挤,愿不愿意钻。

一块好好的木板,上面一个眼也没有,但钉子为什么能钉进去呢?这就是靠压力硬挤进去的,硬钻进去的。

由此看来,钉子有两个长处:一个是挤劲,一个是钻劲。我们在学习上,也要提倡这种"钉子"精神,善于挤和善于钻。

——摘自1961年10月19日《雷锋日记》

中华民族是有创新胆识、进取精神的民族，人民群众的拼搏进取精神是不断战胜前进道路上各种风险考验、推进中国特色社会主义伟大事业的重要力量源泉。在短暂的一生中，雷锋一直保持着昂扬的状态，在思想上、工作上积极进取，不断进步。中国特色社会主义进入新时代，我们要保持进取锐气，把传承和践行雷锋精神落实到日常具体的工作和生活中，汇聚到为实现中华民族伟大复兴的中国梦而不懈奋斗之中。

雷锋利用出车间隙学习毛主席著作，正是雷锋"钉子"精神的真实写照。雷锋能够成为伟大的共产主义战士，其中一个主要原因，就是他把"钉子"精神的"挤劲"和"钻劲"发挥到极致，刻苦学习马克思列宁主义、毛泽东思想，用先进理论武装自己的头脑，并学以致用。"钉钉子"精神是"钉子"精神的全新转义和升华。

雷锋在人们的心目中是普通的，普通得就像一颗钉子，默默地承担着自己的角色；他又是崇高的，崇高得一如"钉子"精神，平凡中孕育出不平凡，在缤纷的世界里闪烁着光辉。学雷锋活动走过半个多世纪的历程，"钉子"精神已经被广大中华儿女深深地记在脑子里，融化在血液中。习近平总书记对"钉子"精神有着别样的情怀，不仅积极倡导人们在学习上应当有一种雷锋的"钉子"精神，而且反复告诫全党和全国人民，做工作、干事业要有"钉钉子"精神。"钉子"精神和"钉钉子"精神是面向新时代新任务、实现新作为必须具备的态度。

"钉子"精神：发挥"挤"和"钻"的功夫

熟悉雷锋事迹的人，都了解雷锋刻苦学习马克思列宁主义、毛泽东思想的劲头。雷锋认识到学习科学理论的重要性，形象地把毛主席著作比作"粮食、武器、方向盘"。他说："人不吃饭不行，打仗没有武器不行，开车没有方向盘不行，干革命不学习毛主席著作不行！"由于有明确的学习目标，所以他非常善于抓紧一切时间学习。雷锋在部队是一名汽车驾驶员，天天驾驶汽车东奔西跑，工作十分繁忙，很难抽出大块时间来学习。于是，他便把毛泽东著作等政治书籍装在挎包里，人到哪儿，挎包就背到哪儿。只要一有空闲，他就从挎包里拿出书来学习。每天出车回来，除了参加连里的日常活动，雷锋还要挤出一些时间来读书。有时熄灯号响了，他还舍不得放下手里的书，为了不影响别人休息，他便悄悄地离开宿舍另找地方去学习。因此，车场、工具棚、厨房都成了他晚上看书学习的地方。有时，夜深了，他还趴在被窝里，打着手电筒读书。

雷锋听到有的同志说"工作这样忙，实在没有时间学习"时，便根据自己的学习体会，在日记中做出了最生动的解答。"一块好好的木板，上面一个眼也没有，但钉子为什么能钉进去呢？这就是靠压力硬挤进去的，硬钻进去的。由此看来，钉子有两个长处：一个是挤劲，一个是钻劲。我们在学习上，也要提倡这种'钉子'精神，善于挤和善于钻。"这种"钉子"精神对雷锋的成长起到了十分重要的作用。

雷锋在驾驶室学习毛主席著作

在学习毛主席著作过程中，雷锋总结了五步学习法：一是分析每篇文章对当时的革命运动起到了什么作用；二是毛主席为什么分析这个问题；三是毛主席在文章中提出几个观点；四是毛主席的方法论是什么；五是联系个人实际写心得体会。翻开雷锋读过的《毛泽东选集》，几乎每一篇每一页都画了一些学习重点，边边角角上写满了阅读心得。据统计，他在短暂的一生中，共写了9本近20万字的学习心得笔记。这些是他刻苦钻研科学理论的记录，是人们将他这种刻苦钻研的精神誉为"钉子"精神的由来和依据。

习近平对雷锋"钉子"精神有着非常深刻的理解。在福建宁德工作期间，他针对领导干部的实际情况提出：我们的工作比较繁忙，真正脱产学习的机会很少。所以，我们应当有一种雷锋的"钉子"精神，挤时间学习，争分夺秒地学习。古人讲的治学"三上"，即马上、枕上、厕上，是值得我们借鉴的。治学要有一种严谨、科学、老实的态度，"知之为知之，不知为不知，是知也"。这段话虽然是在20世纪90年代讲的，但今天读起来依然令人倍感亲切、深刻、新鲜。一个人要成长进步，干好自己的工作，就必须要有雷锋的"钉子"精神，用先进的理论武装自己的头脑，树立正确的世界观、人生观和价值观，这样才会在自己的岗位上干出无愧于时代的成绩。

"钉钉子"精神：抓铁有痕、踏石留印

用"钉子"精神概括雷锋刻苦钻研毛主席著作的精神，来自

毛主席在延安时期的一段著名论述。当年，毛主席在延安在职干部教育动员大会上谈到学习时，曾有一段出神入化的论述。他说，木匠师傅钉一个钉子到木头上，就可以挂衣裳了，这其中就是一个"挤"和"钻"的功夫。对于一些同志反映学习没有时间的问题，毛主席说这就好比木匠用钉子向木头一"挤"，木头让了步，就成功了，工作再忙时间也可以"挤"出来，这是个办法。有的同志反映基础太差、学习太难、看不懂，毛主席说就要像木匠用钉子钻木头一样地"钻"进去，多看看，不懂的东西就懂了。毛主席用这一生动形象的比喻，说清了共产党人在工作和学习上应有的钻研精神和拼搏态度，教育了我们党的干部，影响了雷锋，也影响了几代人的人生观和价值观的确立。

在全面深化改革新阶段，习近平总书记把"钉子"精神提到了新高度，结合新时期新情况又做了全新的转义和升华，提出了"钉钉子"精神。

2006年12月，习近平在《之江新语》专栏发表《抓落实如敲钉子》一文，写道："抓落实就好比在墙上敲钉子：钉不到点上，钉子要打歪；钉到了点上，只钉一两下，钉子会掉下来；钉个三四下，过不久钉子仍然会松动；只有连钉七八下，这颗钉子才能牢固。"

2013年3月5日，习近平总书记在参加第十二届全国人大一次会议上海代表团审议时，根据我国改革已经进入攻坚期和深水区，需要转变工作作风，落实好中央各项惠民政策的新情况，明确提出

"各级干部要转变工作作风，牢固树立群众观点，保持奋发有为的精神状态，发扬钉钉子的精神"。此后，他又多次强调"钉钉子"精神。他在讲到树立和弘扬"三严三实"好作风时指出，"各级领导干部都要树立和发扬好的作风""要发扬钉钉子精神，保持力度、保持韧劲，善始善终、善作善成，不断取得作风建设新成效"。

2013年11月，"钉钉子"精神写入党的重要文献。《中共中央关于全面深化改革若干重大问题的决定》中明确提出，"引导广大党员积极投身改革事业，发扬'钉钉子'精神，抓铁有痕、踏石留印，为全面深化改革作出积极贡献"。

2018年1月，习近平总书记在学习贯彻党的十九大精神研讨班开班式上发表重要讲话，再一次强调发扬"钉钉子"精神。他指出：中央委员会成员和省部级主要领导干部必须做到信念过硬，带头做共产主义远大理想和中国特色社会主义共同理想的坚定信仰者和忠实实践者；必须做到政治过硬，牢固树立"四个意识"，在思想政治上讲政治立场、政治方向、政治原则、政治道路，在行动实践上讲维护党中央权威、执行党的政治路线、严格遵守党的政治纪律和政治规矩；必须做到责任过硬，树立正确政绩观，发扬求真务实、真抓实干的作风，以"钉钉子"精神担当尽责，真正做到对历史和人民负责；必须做到能力过硬，不断掌握新知识、熟悉新领域、开拓新视野，全面提高领导能力和执政水平；必须做到作风过硬，把人民群众放在心中，广泛开展调查研究，在全心全意为人民服务中提升政治站位、提高工作能力，在真心实意向人民学习中拓展工作视野、丰富工作经验、提高理论联系实际的水平，在倾听人民呼声、虚心接受人民监督中自觉进行自我反省、自我批评、自我教育，在服务人民中不断完善自己，持之以恒克服形式主义、官僚主义，久久为功祛除享乐主义和奢靡之风。

发扬"钉钉子"精神是习近平总书记提出的意蕴深远的命题，具有重大的理论和现实意义。习近平总书记对"钉钉子"精神的论述，生动形象、平实直白、简约精练，画龙点睛的概括提炼，将"钉子"精神提升到一个新的高度。"钉子"精神，人们对它的理解和运用，往往特指学习上的"挤劲"和"钻劲"。"钉钉子"精神则体现的是一种"咬定青山不放松""问题不解决不撒手"的工作方法和工作作风。"钉钉子"精神的提出，无论是立意还是运用的领域，都有了全面的延展和拓深。从学习领域延展到工作领域，从敢于较"真"碰"硬"的勇气拓展到掌控锤子和钉子结合的精准，乃至锲而不舍、持续发力的韧劲，二者相辅相成，共同构成了认识论和方法论相统一的工作路线图。因此说，发扬"钉钉子"精神，既是习近平总书记对广大党员干部改进作风的一个新要求，也是我们开创新时代中国特色社会主义事业新局面必须坚持的一个工作原则和领导方法。

新时代更需要"钉子"精神和"钉钉子"精神

党的十九大做出一个新论断——中国特色社会主义进入新时

代。而新时代中国特色社会主义本身就是一场具有新的性质和内涵的伟大社会变革，我们要实现"进行伟大斗争、建设伟大工程、推进伟大事业、实现伟大梦想"的宏伟目标，绝不是轻轻松松、敲锣打鼓就能实现的。全党和全国人民必须准备付出更为艰巨、更为艰苦的努力，这就更加需要发扬"钉子"精神和"钉钉子"精神。其重要性，正如习近平总书记在学习贯彻党的十九大精神研讨班开班式的重要讲话中提出的："当前，我国正处于一个大有可为的历史机遇期，发展形势总的是好的，但前进道路不可能一帆风顺，越是取得成绩的时候，越是要有如履薄冰的谨慎，越是要有居安思危的忧患，绝不能犯战略性、颠覆性错误。"

第一，要有"钉子"精神那种不怕困难、知难而进的昂扬锐气。钉子虽然只是小小的一枚，但是它的尖部能够聚焦且敢于碰硬，善于挤和钻，因此能让自身的能量无限扩大。我们克服工作的困难也好，攻克学习中的难题也好，有了"钉子"精神，就能在不断克服困难中磨炼自己，使自己变得越来越强大，进而领悟"钉子"精神的重要性。当前，我国正处于大有可为的机遇期，但前进的道路上面临的风险和难题还不少。比如，新时代要实现从解决旧的主要矛盾向解决新的主要矛盾过渡，从"满足人民日益增长的物质文化需要"到"满足人民日益增长的美好生活需要"；再如，按照"两个一百年"目标，到 2020 年全面建成小康，党的十九大又安排"两段进"实现社会主义现代化强国的目标；等等。这当中"山"险"水"深，困难若干，但只要我们拥有不怕困难的"钉子"精神，逢山开路、遇水架桥，敢于斗争、敢于胜利，就没有战胜不了的困难，就没有过不去的坎儿。从这个意义上讲，"钉子"精神彰显的是一种胜利的自信。

第二，要有"钉钉子"精神那种精准发力、精准突破的能力。厚厚的墙或木板，钉子往往很难穿透，但如果薄薄的一层就容易穿透。这告诉我们，遇到困难的时候，应当像钉钉子一样选择突破口，做到精准发力，问题就会迎刃而解。抓工作落实和各项改革也是这样。许多工作初看起来"山重水复疑无路"，但只要选准了方位，抓住了"牛鼻子"，精准施策，定能够展现出"柳暗花明又一村"的新局面。因此，"钉钉子"精神告诉我们，面对困难和问题，必须摸清病灶，把准脉搏，有的放矢。这应当成为新时代学雷锋尤其是领导干部学雷锋必须掌握的一个重要工作方法。

第三，要有"钉钉子"精神那种锲而不舍、久久为功的韧劲。钉钉子要一锤接着一锤敲，才能把钉子钉实打牢。我们干事业、改作风，切忌东一榔头西一棒子，最怕改作风一阵风、抓工作不落实。联系到我们改进作风、促进发展的"钉子"，钉牢一颗再钉一颗，必然会大有成效；反之，追求短期效应，急功近利，缺乏整体思路的稳定性和连续性，势必在工作实效上大打折扣。如果对于发现问题，找出差距，不懂得以"钉钉子"精神逐一改正，事无恒心，人无毅力，打一枪换一个地方，最终难免半途而废、一事无成。

"千里之行，始于足下。"一个行动胜过一打纲领。党的十九大为我们展现了通向实现中华民族伟大复兴中国梦的宏伟蓝图，只要我们按照习近平总书记的要求，认真学习雷锋的"钉子"精神，大力发扬"钉钉子"精神，重实效、出实招、办实事，以抓铁有痕、踏石留印的劲头，一张蓝图绘到底，一茬接着一茬干，过了一山再登一峰，跨过一沟再越一壑，我们必将赢得经济社会发展的接力赛，早日实现中华民族伟大复兴的中国梦。

02

雷锋精神

新时代，新认知

《永恒的信仰》

要大力加强思想道德建设。雷锋、郭明义、罗阳身上所具有的信念的能量、大爱的胸怀、忘我的精神、进取的锐气，正是我们民族精神的最好写照，他们都是我们"民族的脊梁"。要充分发挥各方面英模人物的榜样作用，大力激发社会正能量，为实现中国梦提供强大精神动力。

——2013年3月6日，习近平总书记在参加十二届全国人大一次会议辽宁代表团审议时强调我们应该清醒地看到，雷锋精神并没有过时。我们身处的时代在变，雷锋精神也随着时代的变化在不断地进步和演化，这说明雷锋精神具有强大的生命力，所以才能顺应潮流、顺应时代、顺应瞬息万变的社会发展。与此同时，时代越前进，人际关系越纷繁复杂，越印证了雷锋精神的存在与发扬是至关重要的。在这种形势下，我们要深刻认识到，雷锋精神不只代表雷锋个人，也不只代表一个士兵、一个集体甚至一个军队，它代表的是全国所有扎根平凡岗位，立党为公、执政为民的优秀共产党员的形象。很多事实告诉我们，自觉地把雷锋精神融入日常的学习和工作中去，是一块试金石，它可以告诉我们谁才是合格的、优秀的共产党员。

时代在变,理想信念永不变

今天我在报纸上看了一篇文章,其中鲁迅的两句诗对我的教育很深,我坚决要按照鲁迅的那两句诗去做:"横眉冷对千夫指,俯首甘为孺子牛。"

对敌人要狠,要像严冬一样残酷无情;对党对人民要忠诚老实,永远忠于党,忠于人民,做党和人民的驯服工具。

——摘自 1961 年 10 月 8 日《雷锋日记》

从 1963 年毛泽东等老一辈革命家为雷锋题词算起，以雷锋名字为载体的雷锋精神业已经历了社会主义革命和建设时期、改革开放和社会主义现代化建设新时期、中国特色社会主义新时代的洗礼。时至今日，当人们抛开生活的浮躁，荡涤心中的铅华，再度思考、践行雷锋精神时，敬畏和感动油然而生。这是对雷锋生命力量的敬畏与感动，这更是对雷锋用生命演绎的信仰力量的敬畏与感动。

很多人认为，雷锋精神产生于计划经济主导的 20 世纪 60 年代，认为现在实行改革开放 40 多年了，在实行社会主义市场经济体制的当下，再谈雷锋精神不合时宜。不少年轻人认为雷锋说过的一些话，比如"对待同志要像春天般的温暖……对待敌人要像严冬一样残酷无情"，是阶级斗争扩大化的产物，在宣扬和谐共赢的今日中国，强调阶级感情和阶级斗争已经不合适。但是我们不能忘记，为人民服务是需要朴素的阶级感情的。为人民服务，就不能不站在人民群众的角度和立场去思考问题。

既然我们的国家是工人阶级领导的、人民民主专政的社会主义国家，我们就不能忘记阶级的属性和根本，不能被历史虚无主义蒙蔽了双眼。对于一些"公知""大V"公然质疑雷锋故事和《雷锋日记》真实性的行为，我们要站稳立场、站住脚跟，守护住雷锋精神研究的主阵地，占领意识形态战斗的主战场。我们只有具有了朴素的阶级感情，才能超越名利的追逐，才能激发自己本能的主动性和使命感，毫不利己、专门利人，模范践行"全心全意为人民服务"的共产主义道德原则，做出更多对历史负责、对社会负责、对人民负责的大事、好事，不负人民重托。

成就伟业，需要坚定的理想信念

雷锋的一生虽然短暂，但他却把认真严肃的生活态度、积极向上的人生追求、对待工作的负责和勤奋、对同志和战友春天般的温暖以及对广大人民群众的无比热爱，永远地留在了这片土地上。雷锋这种为党和人民奋斗终身的高尚品格来源于他崇高的共产主义信仰和坚定的社会主义信念。

信仰是对某种主张的相信和尊敬，并令其成为自身的行动榜样和指南，它是人们对极其信服和珍视的对象始终不移的信赖和执着不渝的追求。信仰凝聚了认识、情感、意志和行为等要素。信仰是统率所有信念的根本的、主导的、核心的信念，具有崇高的价值特征和主体超越现实、超越自我的精神追求和精神定力。

我们先后经历了让人民站起来的新民主主义革命时期，确立社会主义制度的社会主义革命和建设时期，使人民富起来的改革开放和社会主义现代化建设新时期，进入了让人民强起来的中国特色社会主义新时代。可以说，没有为党和人民奋斗的崇高信仰、坚定信念，是无法保持初心、应对重大挑战、抵御重大风险、踏上伟大征程、赢得伟大胜利的。习近平总书记指出，雷锋、焦裕禄、杨善洲等就是鲜活的例子。他们一辈子为党和人民奋斗，没有崇高的信仰、坚定的信念是做不到的。正是基于为党和人民奋斗终身的崇高的信仰和坚定的信念，无数革命先烈抛头颅、洒热血，无数志士仁人鞠躬尽瘁、死而后已，在平凡的岗位上做出了不平凡的业绩；正是因为有着这些前赴后继的英模群体，才有了今天新时代中国特色社会主义建设的繁荣景象。因此，实现中华民族伟大复兴的中国梦，必须牢固树立为党和人民奋斗终身的崇高理想和坚定信念。

雷锋有苦难的童年，也有在党的阳光哺育下翻身做主人、激情燃烧的岁月，因此他毫不动摇地听党话、跟党走，自觉地爱党、信党、护党，向世人展示了崇高的信仰。雷锋的崇高信仰有着扎实的根基和深厚的底蕴，这主要源自他对共产主义的坚定信念、对中国共产党的无限忠诚和对人民群众的无比热爱。雷锋用自己平凡而伟大的一生，告诉我们一个道理，有了崇高的信仰，一个普通战士也能创造奇迹，崇高的信仰使普通人变得不普通，崇高的信仰使平凡走向伟大。崇高的信仰并非高不可攀，只要做到立场坚定、言行一致，人人皆可以树立崇高的理想，以普通人的平凡书写不平凡的人生。信仰的力量源自内心并由内向外不断延展，给人以无穷的精神力量。雷锋虽然只是一名普通的士兵，但正是由于其内心对于崇高信仰的无比坚定，将党的意志和人民的需要作为自己内心的需求和行动的指南，才有了坚如磐石的信仰信念，才创造了看似平凡实则伟大的奇迹。

实现中国梦，离不开"中国魂"

20世纪60年代初，周恩来总理以"憎爱分明的阶级立场、言行一致的革命精神、公而忘私的共产主义风格、奋不顾身的无产阶级斗志"的高度凝练的题词，展现了雷锋精神的鲜明本质，从根本上解决了向雷锋"学什么"的问题，从而将毛泽东"向雷锋同志学习"的号召具体化为可操作的行动准则，在很大程度上指明了学雷锋活动的基本路径。

2012年3月2日，中共中央办公厅在《关于深入开展学雷锋活动的意见》中指出，要大力弘扬雷锋热爱党、热爱祖国、热爱社会主义的崇高理想和坚定信念，弘扬雷锋服务人民、助人为乐的奉献精神，弘扬雷锋干一行爱一行、专一行精一行的敬业精神，弘扬雷锋锐意进取、自强不息的创新精神，弘扬雷锋艰苦奋斗、勤俭节约的创业精神。"五个弘扬"是在改革开放新的历史时期对雷锋精神内涵的新解读。经过长期努力，中国特色社会主义进入了新时代，这是我国发展新的历史方位。这个新时代，是承前启后、继往开来、在新的历史条件下继续夺取新时代中国特色社会主义伟大胜利的时代，是决胜全面建成小康社会进而全面建成社会主义现代化强国的时代，是全国各族人民团结奋斗、不断创造美好生活、逐步实现全体人民共同富裕的时代，是全体中华儿女勠力同心、奋力实现中华民族伟大复兴的中国梦的时代，是我国日益走近世界舞台中央、不断为人类作出更大贡献的时代。

雷锋利用休息时间为生产队捡粪拾肥

新时代，新任务，对全社会的思想道德建设有了更高的要求，学雷锋活动也应该有创造性的发展。对此，习近平总书记强调，要大力加强思想道德建设。雷锋、郭明义、罗阳身上所具有的信念的能量、大爱的胸怀、忘我的精神、进取的锐气，正是我们民族精神的最好写照，他们都是我们"民族的脊梁"。要充分发挥各方面英模人物的榜样作用，大力激发社会正能量，为实现中国梦提供强大精神动力。习近平总书记运用简明扼要的语言，强调了"信念的能量、大爱的胸怀、忘我的精神、进取的锐气"，高度概括了雷锋、郭明义、罗阳等英模的精神特质，对雷锋精神的内涵做了高度的浓缩与升华。

鲁迅说："惟有民魂是值得宝贵的，惟有他发扬起来，中国才有真进步。"这个民魂是什么？今天看来，就是"信念的能量、大爱的胸怀、忘我的精神、进取的锐气"。有了这个魂，一个人才能找到真正的价值和意义，有了这个魂，一个民族才能找回自己的尊严和荣光。雷锋等这些在不同年代、不同领域涌现的英模人物，之所以能书写非凡的人生，之所以能给我们带来震撼和感动，靠的正是这个魂。他们是中华民族的优秀代表，他们用人格诠释和充实的精神，是中华民族精神的集中体现和高度浓缩，也是所有为国家富强、生活幸福而努力的人心中共同的底色。用这样的能量、胸怀、精神和锐气去铸就"中国魂"，我们的中国梦就一定会实现。

汇聚中国力量，离不开理想信仰教育

老一辈革命家谢觉哉在读了雷锋的日记后，曾写下这样一段话："雷锋同志是平凡的，任何人都可以学到；雷锋同志是伟大的，任何人都要努力才能学到。"它深刻地阐释了向雷锋学习、树立崇高信仰的可能性和艰巨性。

党的十八大以来，在以习近平同志为核心的党中央坚强领导下，通过不懈的奋斗，中国展现了一番新的中国气象和中国风格。党在全面建成小康社会和建设社会主义现代化强国、实现中华民族伟大复兴的征程中，形成了富于时代精神内涵的习近平新时代中国特色社会主义思想。信仰问题，是习近平新时代中国特色社会主义思想的重要课题。习近平总书记在不同场合多次提及信仰的重要作用。梳理习近平总书记的信仰内涵，可知其意义是丰富多元的，概括起来主要包含以下几个方面：一是相信马克思主义的科学性和真理性；二是坚持对共产主义理想的追求；三是对中国特色社会主义建设和实现中华民族伟大复兴的中国梦的追求；四是对改革开放和经济发展的信心；五是对党的宗旨、政策、理论、决议的信任奉行；六是树立高尚的道德信念。信仰就像人体的"钙"，缺钙就会得软骨病，功崇惟志，业广惟勤。理想指导人生方向，信念决定事业成败。

正是认识到信仰的重要作用，党中央从理论建设、物质保障、价值践行三个方面进行了中国特色社会主义的信仰工程建设。习近平总书记多次发表重要讲话并要求全党重视马克思主义理论的建设和学习问题，指出坚定马克思主义信仰、社会主义和共产主义信仰是使党和人民经受得起历史考验的精神力量，要求全国各高等院校高度重视建设以马克思主义为指导的学科体系、学术体系、话语体系，让广大人民群众真学、真懂、真信、真用马克思主义，强调重视理想信念教育、思想道德建设、意识形态工作，大力培育和践行社会主义核心价值观，用富有时代气息的中国精神汇聚中国力量。

习近平总书记非常重视青少年的理想信念教育。他以历史唯物主义方法，从人类历史的高度，把青少年理想信念教育放到振兴中华的历史进程中去，突出理想信念教育的时代价值。习近平总书记重视"三观"教育。他强调，要树立正确的世界观、人生观、价值观，掌握了这把"总钥匙"，自然就能做出正确判断，做出正确选择。而掌握"总钥匙""总开关"的有效方法就是用中国梦打牢广大青少年的共同思想基础。

青年的价值取向决定了未来整个社会的价值取向。新时代青少年要自觉强化信仰的支撑力、信念的推动力、共同理想的凝聚力和远大理想的指引力，要学会以正确的世界观、人生观和价值观来指导自己的选择，学会正确认识世界和中国发展大势、正确认识中国特色和国际比较、正确认识时代责任和历史使命、正确认识远大抱负和脚踏实地。

因此，新时代青少年要自觉坚定中国梦的理想信念，培育和践行社会主义核心价值观，了解国情与学习历史文化知识，提升道德认知与修养，重视道德实践，积极投身到创新创业与基层实践中去，经历摔打、挫折、考验，留下充实、温暖、持久、无悔的青春回忆，做一个共同理想和远大理想的坚定信仰者和中国梦的忠诚践行者。

俭以养德,艰苦奋斗代代传

　　毛主席的话给了我深刻的教育和启发。根据我国目前的情况来看,还存在着许多困难。例如,当前的粮食供应不足,市场供应紧张等,都是因为遇到自然灾害给我们造成的暂时困难。为着克服这些困难,就要十分地听党和毛主席的话,一切做长期打算,严禁破坏任何公社生产资料和浪费生活资料,注意节约。

　　今天司务长发给我两套单军衣和两套衬衣,我只各领了一套,剩下那两套衣服交给了国家,以减少国家的开支,支援祖国的建设。

　　——摘自1961年4月30日《雷锋日记》

雷锋对生活的要求是极低的。当时部队每月发6元津贴费，他只留下5角钱零用，其余都存进储蓄所。入伍仅半年，他就节省下来33元钱。雷锋把这些钱都贴补给了需要帮助的人，而自己的衣服、鞋袜总是缝缝补补，一些日常生活用品也都是能用就凑合着用，实在用不下去了再换新的。这种艰苦奋斗精神，就是雷锋精神宣扬的俭以养德的自省之道，是雷锋这样一个平凡的个体能够滴水藏海、折射阳光的真实写照。

一些人认为，雷锋是他那个年代的苦行僧，在中国实行改革开放政策40多年后的今天，物质极大丰富，社会生产也需要市场购买力的拉动，因此过度节俭没有必要。还有一些人受西方影视作品和不良社会思潮的影响，认为现在如果继续像雷锋当年那样艰苦奋斗，会被人讥讽"寒酸"，会拖整个社会的"后腿"。有些人有这些错误观点和想法，是因为他们没有认识到，我们的祖国虽然在改革开放的伟大历程中取得了辉煌的成就，但在人均国内生产总值上，还只是一个发展中国家，还需要长期地追赶世界先进水平。在目前改革开放步入深水区的情况下，我们还有很多需要解决的矛盾和问题。这要求我们发扬雷锋艰苦奋斗的精神，无畏关山千万重，一生砥砺为前行，不被物质羁绊，不为生活所累，不追求骄奢淫逸，淡泊名利、淡泊物质追求，像雷锋那样勤俭节约、艰苦奋斗，自觉遵守共产主义的道德规范，在对人生理想的不断追寻中实现一个个预设的目标。

学习雷锋利他向上的幸福观

一个人是否幸福，首先要看他对幸福的感受。在生活中，我们常常发现，有的人在别人的眼里是很幸福的，可是他们却常常觉得自己不幸福而暗自伤心。所谓幸福感是心理学意义上的幸福，是个体感受和体验的幸福。由于人们的生活目标和价值观各不相同，人们的幸福观也各不相同。例如，道家的幸福观主张清静无为，顺其自然，崇尚返归自然，逃避尘世，过原始质朴和自由自在的田园生活；儒家的幸福观提倡积极进取、奋发有为的人生，向内修身养性，形成仁、义、礼、智、信的道德品质，向外要齐家、治国、平天下，求取功名，行中庸之道，不走极端，处理好人际关系等；资产阶级的幸福观宣扬利己主义、享乐主义、个人主义，认为物质享受与个人私欲的满足是衡量幸福快乐的尺度。

马克思主义幸福观认为，每个人都在谋求幸福，个人的幸福和大家的幸福是分不开的，要把幸福的创造和幸福的享受结合起来，并把创造幸福作为前提，然后才谈得上享受幸福。因为对无产阶级和劳动人民来说，没有劳动就没有幸福可言。在社会主义条件下，只有社会劳动才是创造幸福的根本途径。只有为共产主义事业而奋斗，为绝大多数人谋利益，才是人生的最大幸福。马克思说："对于一个忍饥挨饿的人说来并不存在人的食物形式……忧心忡忡的穷人甚至对最美丽的景色都没有什么感觉。"马克思主义在肯定人的物质幸福的基础上，还特别注重人的精神幸福，注重物质幸福和精

雷锋到储蓄所存钱

神幸福的统一。幸福不仅是对生活的享受，更是通过劳动对生活的创造，是享受和劳动的统一。社会幸福决定着个人幸福，个人幸福丰富着社会幸福，幸福还是个人幸福和社会幸福的统一。马克思主义幸福观指出，人生最大的幸福在于奉献，在于为人类谋福利。马克思说："如果我们选择了最能为人类福利而劳动的职业，那么，重担就不能把我们压倒，因为这是为大家而献身；那时我们所感到的就不是可怜的、有限的、自私的乐趣，我们的幸福将属于千百万人，我们的事业将默默地、但是永恒发挥作用地存在下去，而面对我们的骨灰，高尚的人们将洒下热泪。"

雷锋是在马克思主义、毛泽东思想的哺育下成长起来的，他的幸福感是利他向上的幸福感。习近平在《之江新语》中指出，要学习雷锋同志的幸福感。雷锋虽然只活了22年，但他说："什么是幸福？为人民服务是最大的幸福。"短短几句话，深刻地揭示了雷锋的幸福观的核心——为人民服务。雷锋有一句名言："人的生命是有限的，可是，为人民服务是无限的，我要把有限的生命，投入到无限的为人民服务之中去……"雷锋深深地懂得，以人民利益为本位，为人民群众谋幸福，全心全意为人民服务是我们党的宗旨。作为一名党员、一名党的忠诚战士，就应该把践行党的宗旨、全心全意为人民谋福利视为自己的人生目标。由此，雷锋对幸福的理解由感性升华到理性，雷锋的幸福观从自我价值扩展到了社会价值。

"为人民服务是最大的幸福"是雷锋幸福观的根本观点。它决定了雷锋在处理具体问题时的态度。在如何处理个人幸福和社会整体幸福的关系问题上，雷锋的幸福观是以集体主义为特征的。"我觉得一个革命者，就应该把革命利益放在第一位，为党的事业贡献自己的一切，这才是最幸福的。"在处理个人与他人的关系上，他认为把自己时刻置于群众之中才是幸福，助人为乐是自己最大的幸福。他说："当你和群众交上了知心朋友，受到群众的拥护，这样会给你带来无穷的力量，再大的困难也能克服，无论在什么艰苦的环境中，都会使你感到温暖和幸福。""我是人民的勤务员，自己辛苦点，多帮人民做点好事，这就是我最大的快乐和幸福。"

在享受幸福和创造幸福上，雷锋的幸福观更突出表现在给予、创造和奉献上。雷锋认为，幸福不是从别人那里索取什么，而是给予别人什么。他说："我觉得人生在世，只有勤劳，发奋图强，用自己的双手创造财富，为人类的解放事业——共产主义贡献自己的一切，这才是最幸福的。"在物质需要和精神满足上，雷锋更注重精神上的满足和幸福。雷锋有着新旧社会两重天的体验，正确的人生观和价值观，使他能更深刻地体验和理解物质生活幸福的内容和意义。因而，虽然当时的物质生活十分艰苦，雷锋却充满了精神上的幸福感。饮水思源，想想过去，看看现在，雷锋深刻地感到，在社会主义社会里、在革命的大家庭里，生活在伟大的毛泽东时代是多么幸福啊！

雷锋在为人民服务中获得了最大的幸福感，获得了自我评价和社会评价，获得了对幸福的深刻体验，这是雷锋对生命的理解与领悟，是对人生价值的自我肯定。以"为人民服务是最大的幸福"

为核心的雷锋幸福观，是马克思主义幸福观的个性体现，它建立在雷锋对自己肩负的历史使命的深刻认识的基础上。雷锋坚信共产主义事业必胜，他把将自己献身于这一人类历史上空前伟大、壮观的事业视为人生最大的幸福。他身体力行，把崇高的理想融于具体平凡的实践中，融于一点一滴的自觉奉献中，从而使自己以一个普通士兵的身份，毫无愧色地走进历史巨人的行列中，成为每个热爱生命、探索人生、追求真正幸福的进取者的一面光辉的旗帜。

共产党的初心使命：全心全意为人民服务

中国共产党没有私利，全心全意为人民服务是党存在和追求的全部价值。但是，这并不意味着完全否定党员的个人利益。

早在80多年前，刘少奇指出："党允许党员在不违背党的利益的范围内，去建立他个人的以至家庭的生活，去发展他个人的个性和特长。同时，党在一切可能条件下还要帮助党员根据党的利益的要求，去发展他的个性和特长，给他以适当的工作和条件，以至加以奖励等。"党员与党的利益的一致性，党对党员的关心、体贴和爱护，是党的队伍不断发展壮大、党的事业不断兴旺发达的根本保障。战争年代党就这样做了，我们今天处在和平环境中，正在全面建设社会主义现代国家，更应该注意继承"革命大家庭"的优良传统，关心爱护每一个同志。

邓小平曾经强调，在现实生活中，集体利益与个人利益总体上是一致的，个人利益也包含在群众利益和党的利益之中。他说："不讲多劳多得，不重视物质利益，对少数先进分子可以，对广大群众不行，一段时间可以，长期不行。革命精神是非常宝贵的，没有革命精神就没有革命行动。但是，革命是在物质利益的基础上产生的，如果只讲牺牲精神，不讲物质利益，那就是唯心论。"邓小平之所以深受中国老百姓爱戴，一个重要原因就在于他作为改革开放的总设计师，给老百姓带来了实实在在的利益。党的十八大以来，习近平总书记进一步明确，人民群众对美好生活的向往，就是我们的奋斗目标，改革开放必须始终不断满足广大人民群众的物质文化需要，不断促进人的自由全面发展。

2018年12月18日，习近平总书记在庆祝改革开放40周年大会上指出："我们党来自人民、扎根人民、造福人民，全心全意为人民服务是党的根本宗旨，必须以最广大人民根本利益为我们一切工作的根本出发点和落脚点，坚持把人民拥护不拥护、赞成不赞成、高兴不高兴作为制定政策的依据，顺应民心、尊重民意、关注民情、致力民生。" 党员干部作为人民群众当中的一员，如同雷锋一样，在忠于党的宗旨、对党和人民作出贡献的过程中，个人生活也随着社会经济的不断发展得到改善和提高，普遍享受到前所未有的幸福和欢乐，这是社会主义制度优越性的表现，是党的事业不断获得成功的标志。

但是，所有党员干部都必须清楚，一个共产党员如果只想到群众利益、党的利益与个人利益一致的一面，只满足于在"公私兼顾"的情况下为党的事业和群众的利益去工作、去奋斗，那是远远不够的，这种积极性是靠不住的，也是难以持久的。事实上，即使在和平环境中，在全面建成了小康社会的今天，在许多情况下，党组织也往往不能满足个人的需要，且需要党员干部去做一些一般人不愿意做的、对个人根本不能带来丝毫利益的事情，甚至必须做出重大的自我牺牲。这种时刻，共产党员就必须像雷锋那样，"时刻准备着为党和阶级的最高利益，牺牲个人的一切，直至生命"。"牢牢记住，并且要贯穿到自己的生活和实际行动中去——革命的利益高于一切，处处为集体利益而不惜牺牲个人的一切。"

现实生活中，那些"越是艰险越向前"，"关键时刻冲得上去、危难关头豁得出来"，甚至倒在工作岗位上的党员干部，正是这样要求自己的。

广西壮族自治区百色市委宣传部干部黄文秀，2016年从北京师范大学毕业，硕士研究生学历，2018年3月起担任国家扶贫开发工作重点县乐业县新化镇百坭村驻村第一书记。一年多时间内，她就带领88户418人脱贫，使全村贫困发生率下降20%以上。2019年6月17日凌晨，她在从百色返回驻村途中遭遇山洪不幸遇难，献出了年仅30岁的生命。习近平总书记曾说，黄文秀同志在脱贫攻坚第一线倾情投入、奉献自我，用美好青春诠释了共产党人的初心使命，谱写了新时代的青春之歌。

2020年春天，在新冠病毒肆虐之际，无数共产党员义无反顾、挺身而出，坚定地站在疫情防控第一线。"这里危险，让我来"是众多共产党员医务工作者朴实而坚定的选择。他们凭着在战"疫"中展现的不屈不挠、舍己救人的人间大爱，坚定从容、忠于职守的高度责任感，众志成城、共克时艰、勠力同心的崇高精神，交出了坚持人民利益至高无上原则和"不忘初心、牢记使命"的优秀答卷。

在实现人民幸福、民族复兴的道路上，党员干部只有这样以党的事业为重，以群众利益为重，以大局为重，发扬大公无私的精神，为了党和人民的需要而自觉舍弃个人利益，才能保证党的事业顺利发展，赢得群众的敬佩和信任，永葆共产党员的先进性和纯洁性。

从为人民服务中获得幸福感的真谛

"幸福"是《雷锋日记》中的一个关键词，雷锋在日记中写下了许多关于幸福的深刻论述。一个经历过旧社会的苦难且只有小学文化程度的青年，一个存在于这个世界上仅22个春秋的普通士兵，为何会形成如此崇高的"毫不利己，专门利人"的道德情感？

雷锋是通过学习毛泽东著作才懂得了"怎样做人、为谁活着"的道理。雷锋把毛泽东著作看作"粮食、武器和方向盘"，认真刻苦学习毛泽东著作，从中获得了幸福感的真谛。毛泽东在社会主义革命和建设过程中一直践行党的根本宗旨，提出了全心全意为人民服务的幸福观，丰富、发展了马克思主义幸福观。

早在1934年，毛泽东就指出："我们是革命战争的领导者、组织者，我们又是群众生活的领导者、组织者。""我们应该深刻地注意群众生活的问题，……要使广大群众认识我们是代表他们的利益的，是和他们呼吸相通的。"他强调，中国共产党必须要"真心实意地为群众谋利益，解决群众的生产和生活的问题，盐的问题，米的问题，房子的问题，衣的问题，生小孩的问题，解决群众的一切问题"。1944年，毛泽东在《为人民服务》一文中明确指出，"我们的共产党和共产党所领导的八路军、新四军，是革命的队伍。我们这个队伍完全是为着解放人民的，是彻底地为人民的利益工作的"。

从党的七大开始，全心全意为人民服务就成了我们党的根本宗旨。毛泽东在党的七大政治报告中谈道："我们共产党人区别于其他任何政党的又一个显著的标志，就是和最广大的人民群众取得最密切的联系。全心全意地为人民服务，一刻也不脱离群众；一切从人民的利益出发，而不是从个人或小集团的利益出发；向人民负责和向党的领导机关负责的一致性；这些就是我们的出发点。"

毛泽东全心全意为人民服务的幸福观更多地集中体现在实现广大人民群众的利益、注重民生保障和改善上。他反复强调，中国共产党的领导干部务必保持党的优良作风，密切联系人民群众，解决好人民群众的民生问题，坚决反对无视民生的官僚主义作风。他指出，"我们一切工作干部，不论职位高低，都是人民的勤务员，我们所做的一切，都是为人民服务"，"我们的责任，是向人民负责。每句话，每个行动，每项政策，都要适合人民的利益"。他认为这是由中国共产党的根本性质决定的，是中国共产党人一切工作的出发点和归宿。他还认为，共产党人应该具有志存高远、胸怀人民的崇高的人生价值追求。他把全心全意为人民服务作为共产党人实现人生幸福和人生价值的具体目标和重要途径，认为共产党人的幸福跟人民的幸福是分不开的。雷锋正是通过学习毛泽东著作，领悟了什么是幸福的真谛，是毛泽东的幸福观培育养成了雷锋的幸福感与幸福观。

雷锋在助人为乐中体验幸福感。助人为乐是人的一种本真的自然的道德情趣，即从帮助他人中获得快乐。助人为乐的道德情趣，是人类作为起点的基础性道德情感。童年、少年时期的雷锋即从帮助他人中得到快乐，表现出了这种本真的道德情怀。雷锋很小的时候就懂得帮助别人。一次，他在山上砍柴，忽然听到几个小孩子高声喊叫："有人滚下山啦！"雷锋急忙跑过去将滚下山的陈五爹扶起，帮他把柴捆好并将他送回了家。从那以后，雷锋每天都偷偷为陈五爹家打柴。雷锋还在下暴雨的时候背着同学过河，给生病的同学补课，他做的好事不胜枚举。

雷锋童年和少年时期的助人为乐行为，是一种本真的自然的道德情怀，出自同情心。雷锋正是以这种最初的助人为乐的情感体验，伴随着成长，逐步开始实践高级层面的道德行为。

雷锋在感恩图报中体验幸福感。他在日记中这样写道："党像慈母一样，哺育着我长大成人。是党给了我生命；是党给了我幸福……""可以说在我的周身的每一个细胞里，都渗透了党的血液。为了忠于党的事业……今后,我一定要更好地听从党的教导,党叫我干什么,我就干什么,决不讲价钱。""敬爱的党——我慈祥的母亲,我只有以实际行动来感恩。"雷锋的成长得到了党和人民最深厚的关怀,雷锋对这种深厚关怀的回馈来自一颗感恩的心。知恩、感恩成为激励雷锋实践道德行为的强大动力,表现出他内在的道德精神的不断成熟和发育,即走上了道德自觉阶段。这时的雷锋已经把感恩图报作为自己最大的幸福了。他说:"今天在社会主义社会里,在革命的大家庭里,我们生活在伟大的毛泽东时代是多么幸福啊!""我想,有一天我能和他一样,见到我日夜思念的毛主席该有多好、多幸福啊!""我走上了新的战斗岗位,穿上了黄军服,光荣地参加了中国人民解放军。我好几年来的愿望在今天已实现了,真感到万分的高兴和喜悦,这是我一生最大的幸福。"

雷锋在无私奉献中体验幸福感。雷锋的幸福是一种超越了物质性的幸福。他的道德行为是以社会为中心的一种外在的善、一种手段的善。因为他把自己的幸福,完全建立在为别人谋幸福上。

从雷锋的道德情感的生成结构来看,感恩的道德情愫使雷锋的道德情感趋向于宽广和深邃,而这种宽广和深邃又在进一步发展,雷锋的道德行为又从道德自觉不断地走向了道德自由,从而形成了高级的道德情感——无私奉献的道德情操。当雷锋以满腔的热血写下了如此经典的章句——"人的生命是有限的,可是,为人民服务是无限的,我要把有限的生命,投入到无限的为人民服务之中去",并以他有限的生命去全心全意、完全彻底地付诸实践，这种道德情感已完全超越淳朴的感恩情愫，成为一种无比高尚的道德情操。此时的雷锋已表现出了宽广的胸怀和博大的智慧，"为人民服务"这一神圣的道德理念已经成为一种坚定的道德信念。雷锋的道德境界已经从道德自觉完全走向了道德自由。道德自由即为道德发展的"自由"阶段，这是个体道德内化的最高境界，是道德自律的最高层次，使道德个体达到了自律与他律的完全统一。在这一阶段，道德主体对道德的理性认识已经达到了"天地境界"，这是一种人类所独有的炉火纯青的境界，表现为一种独特的道德智慧——从心所欲。

在实践中学习雷锋的幸福感。"当代雷锋"郭明义这样解读雷锋的幸福感："怎么才能获得幸福感，这个回答并不难。让大家幸福，是完美的幸福。助人使人快乐，奉献使人幸福。把自己的生命同党的事业和人民的利益紧密地联系在一起，就找到了通向快乐和幸福的道路。快乐和幸福属于为党忘我工作的人，属于为人民忘我奉献的人。只要是有益于党和人民的事，我就要天天做，每做一件好事，都有一股幸福感涌上心头！我越做越高兴，越干越有劲。"郭明义的幸福感完全是雷锋的幸福观的传承。郭明义的幸福感完全发生在对他人、对社会的奉献之后所产生的社会性幸福和精神性幸福之中。

习近平总书记高度赞扬郭明义爱心团队，他在给郭明义爱心团队的回信中写道："得知你们'跟着郭明义学雷锋'，用爱心温暖需要帮助的人，在服务社会、助人为乐、爱岗敬业中提升人生境界，感到很欣慰。"

培养幸福的人是教育的终极目标，培养道德幸福的人是道德教育的终极目标。著名教育理论家安·谢·马卡连柯说过："我确信：我们教育的目的并不是仅仅在于培养能够最有效地来参加国家建设的那种具有创造性的公民，我们还要把我们所教育的人变成幸福的人。"教育的最终目的是使人获取幸福。那么，通往这一终极目标的关键是提升道德境界，培养健全的道德人格，培养自主的道德精神。从伦理学的角度来说，一个没有德行的人根本就无法获得真正的幸福。幸福是一种道德人格，因为幸福与否或能否成为幸福的人取决于本人，取决于自主，取决于自觉。一个人只有通过接受道德教育进行道德修养，达到了一定的道德觉悟程度以及形成了一定的道德品质状况和情操水平，他才能正确认知与体验幸福。只有在实践中，不断提升自身的道德境界，才能实现幸福的最终目的——成为一个真正的道德幸福的人。

立足岗位，爱岗敬业作贡献

　　我听有些人说：当兵不合算，挣不到钱，不如在家种二亩自留地，既有花的，又有吃的……

　　我认为这种人，对个人利益和集体利益认识不足。俗话说："大河涨水，小河满；大河无水，小河干。"同样的，只有集体利益富裕了，个人利益才能得到满足，如果没有集体的利益，哪还有什么个人利益呢？

　　　　　　——摘自 1962 年 6 月 25 日《雷锋日记》

雷锋曾在日记中写道，"我要做一颗永不生锈的螺丝钉"，这是影响了雷锋一辈子的一句话。一天，雷锋与望城县县委书记张兴玉走在路上，雷锋一脚踢飞了一颗螺丝钉。不料，张书记快步上前捡起了那颗螺丝钉，将它擦干净后郑重地交给了雷锋，并嘱咐他："留着，会有用处的。"一个弯腰、一句话，这个老共产党员的言行深深地影响了这个年轻人。雷锋在日记中写道："一个人的作用，对于革命事业来说，就如一架机器上的一颗螺丝钉。"

其实，爱岗敬业是个人和集体发展的必要条件。2018年，习近平总书记在抚顺市雷锋纪念馆参观时就曾深有感触地说："如果13亿多中国人、8900多万党员、400多万党组织都能学习雷锋精神，都能在自己的岗位上做一颗永不生锈的螺丝钉，我们的凝聚力、战斗力将无比强大，我们将无往而不胜。"是的，螺丝钉虽小，但是关键的时刻可以派上大用场。如今这个时代，经济繁荣，物质富足，岗位选择呈现出多元化、多样化的特点，雇佣关系的双向选择成为常态，不再像计划经济时代那样一岗定终身。但是，无论在什么时代，作为雷锋精神的坚强内核，爱岗敬业都是不可替代的敲门砖，只有对工作发自内心地热爱，干一行爱一行、专一行精一行，才能实现个人价值以及推动社会发展，这也印证了那句话，"大道至简，最崇高的精神往往孕育在最平凡的事业当中"。我们要像雷锋那样，在认清自己是谁，从哪里来，要到哪里去的基础上，认真地反思"如果你是一滴水，你是否滋润了一寸土地？如果你是一线阳光，你是否照亮了一分黑暗？如果你是一颗粮食，你是否哺育了有用的生命？如果你是一颗最小的螺丝钉，你是否永远坚守着你生活的岗位上？"，当你的世界因为你的付出照进了阳光，你还会觉得没有温暖没有希望吗？

用实际行动践行共产党人的初心使命

在建设中国特色社会主义的新征途上，在贯彻落实党的创新理论的生动实践中，雷锋精神就在春风化雨中萌芽发展着。雷锋精神作为社会主义道德的一面旗帜，鼓励我们要像雷锋那样把党和人民的事业作为自己人生奋斗的最高目标，无论前行的路上有多少风雨，多少困难，始终做到方向不迷失、信仰不动摇，坚定不移地跟着党走。"三百六十行，行行出状元"，在中国特色社会主义的新时代，无论身处什么职业和岗位，只要用自己的辛勤劳动回报了社会，像雷锋一样自觉发扬了共产主义的主人翁精神，我们就是那个优秀的自己、不平庸的自己、不曾虚度光阴的自己。

雷锋把关爱他人当作最大的幸福，把无私奉献当作毕生的追求，毫不利己，专门利人，是全心全意为人民服务的楷模。他说："我活着，只有一个目的，就是做一个对人民有用的人。""人民的困难，就是我的困难……我是主人，是广大劳苦大众当中的一员，我能帮助人民克服一点困难，是最幸福的。"

他在日记中写道："人的生命是有限的，可是，为人民服务是无限的，我要把有限的生命，投入到无限的为人民服务之中去。"

新中国成立不久，人们的生活普遍十分困难，一个战士每月的津贴只有6元钱，但在抚顺市望花区和平人民公社成立时，雷锋取出自己多年的积蓄，捐出200元钱，被退回100元；当辽阳地区遭受百年不遇的洪水灾害时，他又将退回的100元寄给了灾区；外地探亲的大嫂迷了路，他又冒着大雨将她送回家；大年初一，人们都在欢度春节，他却请假主动到车站帮忙；他在连队是"业余修理员"，在医院是"劳动休养员"，在出差途中是"义务勤务员"，在部队驻地是附近小学的"校外辅导员"。雷锋的一生没有惊天动地的壮举，但他把"毫不利己，专门利人"看成是人生最大的幸福和快乐，用一件件看似不起眼的平凡小事成就了不平凡的人生，用矢志不渝的坚守筑起了一座光芒四射的道德高地，至今依然温暖着我们的社会，感动着我们的时代。

习近平总书记强调："守初心，就是要牢记全心全意为人民服务的根本宗旨，以坚定的理想信念坚守初心，牢记人民对美好生活的向往就是我们的奋斗目标；以真挚的人民情怀滋养初心，时刻不忘我们党来自人民、根植人民，……永远不能脱离群众、轻视群众、漠视群众疾苦。"今天，我们弘扬雷锋精神，就要按照习近平总书记的要求，正确认识公私关系、义利关系、人己关系，无私奉献与个人利益的关系，把共产党人全心全意为人民服务的根本宗旨和初心使命落到实处。

共产党人的最高理想是实现共产主义，最终目标是解放全人类。这样的理想、使命，要求我们必须紧紧地和中国最广大的人民群众站在一起，必须为了人民群众的利益勇于牺牲自己的一切，必须比历史上的人更加彻底地发扬大公无私精神。在红军初创时期，一个刚刚加入红军的青年战士曾这样问年轻的胡耀邦："参加共产党有什么好处？"胡耀邦想了想，郑重地回答："小同志，让我看，参加共产党有九十九条都是'坏处'，要吃苦在前，享受在后；要冲锋在前，退却在后；可能被杀头，还会坐牢；危险的工作要抢着干；如果军装不够，让给别人穿；饭少人多，要让群众先吃，自己饿肚子……要说好处，我看只有一条，全心全意为人民服务，人民拥护你。"胡耀邦说的，全都是在革命战争中被证明的事实。那时候，党员并未公开身份，但群众仍能从每个人的行动中，辨认出谁是共产党员。1944年7月，八路军总司令朱德在一次讲话中提到过两个数字：战斗在山东地区的八路军，几年来伤亡总数的45%是共产党员；陕甘宁边区留守部队的劳动英雄，80%是共产党员。战争年代的无数革命先烈，如李大钊、方志敏、张思德、刘胡兰、董存瑞等，都是以自己的生命践行人民利益至上的光辉榜样。

《党章》要求："吃苦在前，享受在后，克己奉公，多做贡献。"在和平建设时期和改革开放以来，我们党的队伍中出现了雷锋、王杰、焦裕禄、谷文昌、孔繁森、杨善洲、郭明义等先进典型，他们用行动践行信仰，把使命落到实处，续写了革命传统的新篇章。雷锋坚持"把有限的生命，投入到无限的为人民服务之中去"，面对别人的不解甚至讥讽，他说："有些人说我是'傻子'，是不对的。我要做一个有利于人民、有利于国家的人。如果说这是'傻子'，那我是甘心愿意做这样的'傻子'的，革命需要这样的'傻子'，建设也需要这样的'傻子'。"

特权思想是腐败的根源

在这里，我们还要指出的是，雷锋精神和特权思想是完全对立的两种思想形态。特权思想是封建主义的腐朽观念，是滋生官僚主义、形式主义、享乐主义和奢靡之风的总根源。习近平总书记多次强调，"我们的权力是党和人民赋予的，是为党和人民做事用的，只能用来为党分忧、为国干事、为民谋利"。然而在现实生活中，纵观党的二十大以来落马的"老虎""苍蝇"，身患"特权病"的却不在少数。他们有的凭借其地位和影响追求特殊待遇，乘坐高级轿车，入住豪华酒楼，吃超标宴请，大肆挥霍；有的利用手中的权力谋取特殊利益，以权谋私，假公济私，为自己和亲朋好友谋取不正当利益；有的以工作和职责上的需要为掩护，炫耀特殊身份，前呼后拥，飞扬跋扈，用军警车牌，带专职秘书，住豪宅别墅；有的在普通群众面临"入学难""就业难""看病难"等情况下，利用职权集中不少优质公共资源，使其成为个人或亲属独享的福利，以致出现了"内部指标""吃空饷""萝卜招聘"等腐败现象。事实证明，特权出现在哪里，哪里就有不公；哪里有"法外之权"，哪里就会出现不正之风甚至是腐败案件。因此，要把全面从严治党落到实处，就必须按照习近平总书记在党的二十大

雷锋捐款100元给抚顺市望花区和平人民公社

报告中提出的要求，坚决破除特权思想和特权行为。

　　反对特权，就要不忘初心，把党的宗旨落实到行动上。《共产党宣言》宣告："过去的一切运动都是少数人的，或者为少数人谋利益的运动。无产阶级的运动是绝大多数人的、为绝大多数人谋利益的独立的运动。"我们党把这个光辉思想归结为自己唯一的宗旨——全心全意为人民服务。徐向前在回忆录中说，战争年代共产党员都是吃苦在前，冲锋在前，行军要帮助别人背枪、背行李，到了宿营地主动烧开水、烧洗脚水，还要做群众的思想工作。官和兵，不太分得出来。吃一样的饭，睡的都是民房，铺的都是稻草。如果硬要加以区分，那就是领导干部比基层党员干部对自己要求更严格。自1939年秋开始，侵华日军对抗日根据地军民实行"三光"政策，根据地军民只能以糠菜充饥。八路军副总指挥彭德怀日夜指挥战斗，累得一天天消瘦下去，大家非常心疼，做饭时在他的野菜糊里加了一小把杂合面。就这么一点小小的照顾，却遭到了彭老总严厉的批评。他在党支部生活会上说："我彭德怀参加共产党，党给我唯一的'特权'，就是带头吃苦。"今天，我们面临的形势任务、生活环境都发生了很大的变化，但我们党和人民军队的根本宗旨没有变，党的初心使命没有变。党员干部只有像革命前辈那样严以律己，与特权思想彻底决裂，在工作和生活中成为"我是离开最晚的那一个，我是开工最早的那一个，我是想到自己最少的那一个，我是坚守到最后的那一个，我是行动最快的那一个，我是牵挂大家最多的那一个"，才能够更好地发挥模范带头作用，凸显先锋战士形象。

反对特权，就要执政为民，牢记人民公仆的角色定位。党员干部特别是各级领导干部，手中都握有大小不等的权力，是把权力当作服务群众的"公器"，还是当作满足私欲的"资本"，决定着对待特权不同的态度。2014年，习近平总书记在参观焦裕禄同志纪念馆、听取兰考县委和河南省委党的群众路线教育实践活动情况汇报时，结合焦裕禄的事迹，他强调要坚持不懈强化宗旨意识，解决好党员、干部是人民公仆的角色定位问题，党员、干部只有为人民服务的责任和义务，必须严格要求自己。

"县委书记的榜样"焦裕禄是"心里装着全体人民，唯独没有他自己"的公仆典范。他对自己、对家人，从来都公私分明，丝毫不搞特殊化。20世纪60年代，在一个大雪封门的冬夜，焦裕禄亲自把救济粮送到一对贫苦老人的家中。老人问他是谁，他说："我是您的儿子。"而在他自己病重的时候，他却不忍心吃下医生开的贵重药，他说："群众生活还很困难，这么贵的药，我能吃得下吗？"焦裕禄认为，过去当个党员不容易，现在还应该是不容易的。一个党员，贪污多占，不深入群众，高高在上，这就是变质。共产党员任何时候都要坚持原则，任何环境中都不能动摇，任何职务的干部都是人民的勤务员。有一次，他的小儿子看戏没买票，他不仅把家人叫来训了一顿，还要求立即如数把孩子的票钱送给戏院。第二天，他就建议县委起草了《干部十不准》，条条规定具体明确，核心精神就是任何干部都必须当"人民勤务员"，任何场合都不能自视特殊享有特权。

再看看老英雄张富清的事迹：他在解放战争的枪林弹雨之中九死一生，先后记过特等功1次、一等功3次、二等功1次，并多次获得"战斗英雄"等称号。从部队退役后，他本来可以过上安逸的生活，但他却主动申请到最艰苦的地方建功立业，并在贫困山区奉献了自己的余生。国家经济困难时期，几乎家家都在为生计发愁。作为一名领导干部，他先后分管过县城的粮油供应、桐油经销等，可以说每个岗位都是"肥缺"，稍微"灵活一点"，至少全家人不会饿肚子。但在小儿子张健全的记忆中，最深刻的感受就是饥饿。张富清安慰妻子："这些困难都是暂时的，一切都会慢慢好起来，我们要相信组织、相信党！"当党和国家全面精简机构人员时，他第一个砸了妻子的"铁饭碗"；当遇到招工的好机会，他却打发儿子下乡当知青；做白内障手术，他和农民病友一样选择了最便宜的治疗方式……这就是张富清的英雄本色，甘做公仆，铁心向党，忠贞不渝，无怨无悔。

反对特权，就要严守规矩，履行《党章》规定的权利和义务。《党章》明确规定："中国共产党党员永远是劳动人民的普通一员。除了法律和政策规定范围内的个人利益和工作职权以外，所有共产党员都不得谋求任何私利和特权。"《党章》是党的根本大法，是全党必须遵循的总规矩。习近平总书记严肃地指出："每一个共产党员特别是领导干部都要牢固树立党章意识，自觉用党章规范自己的一言一行。"但是，一段时间内，由于制度不健全、监督不到位，加上管理"宽松软"，有些党员干部对党和国家的法规制度熟视无睹。江西省的"老虎"胡长清就坦诚："制度规定对自己来说，是'牛栏关猫——出入自由'。"所有腐败分子堕落的轨迹都证明，没有规矩意识，没有对规则法度的敬畏，私欲膨胀、为所欲为、自视特殊、自行其是，必然给党、国家和人民带来严重损害，个人最终也难逃党纪国法的惩处。

习近平总书记在党的十九大报告中强调："要加强纪律教育，强化纪律执行，让党员干部知敬畏、存戒惧、守底线，习惯在受监督和约束的环境中工作生活。"党的二十大新修改并通过的《党章》，吸收了这几年全面从严治党的新经验，提出了许多与过去不同的要求，反映了党的建设的新思路新举措，是所有党员干部须臾不可忽视的行为守则。

雷锋给人们留下的最突出、最鲜明的印象，就是"走到哪里就把好事做到哪里"。他在大雨天把母子三人送回家后，面对群众的感谢，事后曾写道："我是人民的子弟兵，我是人民的勤务员，为人民做点好事，再苦再累也觉甜。"我们学习雷锋，就要像他那样甘心当好人民勤务员，把《党章》的要求落到实处，保证自己在同特权现象和特权思想的斗争中经受住考验。

坚决同腐败行为和不正之风斗争到底

所有腐败行为和不正之风，本质上就是损公肥私、侵吞人民群众的利益。腐败行为和不正之风同雷锋精神格格不入，和党的初心使命背道而驰，历来为广大党员干部所不耻，为人民群众深恶痛绝。

腐败和歪风污染社会环境，动摇民众对党和政府的信任。习近平总书记指出，腐败是社会的毒瘤。如果任其发展下去，最终必然亡党亡国。他多次斩钉截铁地强调："对腐败分子，我们决不能放过去，放过他们就是对人民的犯罪、对党不负责任！""不得罪成百上千的腐败分子，就要得罪十三亿人民。这是一笔再明白不过的政治账、人心向背的账！"党的十八大以来，从出台中央八项规定，到"老虎""苍蝇"一起打，再到启动"天网行动"，党风廉政建设和反腐败工作被提升到空前的高度，极大地振奋了党心、民心。2014 年 12 月，习近平总书记在江苏镇江考察时，一位有 53 年党龄的老党员握着总书记的手激动地说："你是腐败分子的克星，全国人民的福星。"朴实的话语道出了人民群众对党中央坚决惩治腐败的坚定支持和拥护。

战胜腐败和不正之风，必须忠诚老实、言行一致，反对心口不一、表里不一。腐败分子都是两面派、两面人。他们在台面上高喊清白廉洁，甚至在学雷锋活动中作报告、上电视，一副道貌岸然的模样，但私下却蝇营狗苟、以权谋私、勾兑利益，每天嘴里喊着全面从严治党，当先锋、作表率，行动上却肆意妄为、顶风违纪。习近平总书记曾为他们画过像：有的修身不真修、信仰不真信，很会伪装，喜欢表演作秀，表里不一、欺上瞒下，说一套、做一套，台上一套、台下一套，当面一套、背后一套，手腕高得很；有的公开场合要党员干部坚定理想信念，背地里自己不敬苍生敬鬼神，笃信风水、迷信"大师"；有的口头上表态坚定不移反腐败，背地里对涉及领导干部的问题线索不追问、不报告；有的张口"廉洁"、闭口"清正"，私底下却疯狂敛财。广西壮族自治区原主席成克杰在大会上说："想到广西还有700万人没有脱贫，我这个当主席的，是觉也睡不着哇。"但暗中却伙同情妇疯狂敛财2000多万元。山东省委原常委、济南市委原书记王敏，在公开场合张口"廉洁"、闭口"清正"，既要坚决整治跑官要官、买官卖官、拉票贿选和突击提拔干部等问题，又要对腐败分子，不论涉及谁，都一查到底、坚决惩处，而在不为人知的隐秘角落，他却贪得无厌，大搞权钱交易。他在悔过书中给自己画像说："台上一套，台下一套，说一套，做一套；人前是人，人后是鬼……"这种两面派行为、"两面人"形象，几乎是现实中落马的所有"老虎""苍蝇"共有的特性。

知与行统一、说与做相符，向来是中华民族崇尚的优秀道德传统。孔子就一再对"讷于言，而敏于行"的人表示欣赏，并说"君子耻其言而过其行"，断言"巧言令色，鲜矣仁"。意思就是，做人做事应该少说多做，如果言过其行，那是很可耻的，整天花言巧语的人少有能践行仁德的。荀子讲得更直截了当："口能言之，身能行之，国宝也。口不能言，身能行之，国器也。口能言之，身不能行，国用也。口言善，身行恶，国妖也。治国者敬其宝，爱其器，任其用，除其妖。"所谓国宝、国器、国用、国妖，就是根据言与行是否一致分出的等次。最好的"国宝"是说到做到，最差的"国妖"是言行相悖。像成克杰、王敏那样的腐败分子，"两个嘴巴说话，两张面孔做人"，不断地自我"打脸"，暴露出来的就是典型的"国妖"本质。这种"两面人"混迹于党内和社会上，不仅严重损害公共利益，污染政治生态，也严重毒化、动摇社会正确的价值观。当这些"两面人"的假象被揭穿、真面目暴露在光天化日之下时，善良的人们在惊呼"上当受骗"的同时，也难免生出深深的挫败感。

2016年，党的十八届六中全会提出的《关于新形势下党内政治生活的若干准则》指出："党的各级组织和全体党员必须对党忠诚老实、光明磊落，说老实话、办老实事、做老实人，如实向党反映和报告情况，反对搞两面派、做'两面人'，反对弄虚作假、虚报浮夸，反对隐瞒实情、报喜不报忧。"这些细致具体的规定，为严肃党内政治生活指明了必须解决好的一个重要课题，也对"对党忠诚"做出了明确的要求和安排。邓小平说："共产党人干事业，一靠真理的力量，二靠人格的力量。"习近平总书记强调，对党绝对忠诚，要害在"绝对"两个字，指唯一的、彻底的、无条件的、不掺任何杂质的、没有任何水分的忠诚。中国共产党百年历史，从战火纷飞的革命年代到建设、改革的各个时期，都是靠广大党员干部的忠诚信仰铸就了历史的荣光。今天，清除腐败、正风肃纪，也要靠忠诚汇聚起磅礴的力量，靠信仰照亮前行的道路，不给任何"两面人"留下钻营的空子。

全面从严治党永远在路上。面对反腐败斗争的步步深入、累累战果，党中央一再重申："反腐败高压态势必须继续保持""零容忍的态度不变、猛药去疴的决心不减、刮骨疗毒的勇气不泄、严厉惩处的尺度不松"。这种强大的政治定力，来自对光明前景的自信、对献身使命的坚定。2019 年 3 月，在出访意大利期间，习近平主席回答该国众议长的问话时讲道："（中国）这么大一个国家，责任非常重、工作非常艰巨。我将无我，不负人民。我愿意做到一个'无我'的状态，为中国的发展奉献自己。"这个回答是习近平"赤子之心"的生动写照，代表着新时代中国共产党人在理想信念、价值理念、人格操守以及行为取向等层面应具备的道德自觉。

在实现中华民族伟大复兴的中国梦的漫漫征途上，党员干部要像雷锋那样，一方面对人民群众无比热爱，始终把人民群众放在心中最高位置，"把有限的生命，投入到无限的为人民服务之中去"；另一方面要与腐败现象和不正之风坚决斗争，始终保持"对待敌人要像严冬一样残酷无情"的斗争勇气。只有如此才能真正做到"不忘初心、牢记使命"，成为"我将无我，不负人民"的好党员、好干部。

03

雷锋精神

新时代,新表达

《永恒的信仰》

要把深入开展学雷锋活动常态化，这不仅是对党员干部教育极大的推动，对青少年教育也是极好的机遇。要通过开展学雷锋活动，进一步抓好青少年思想政治教育。雷锋精神是不朽的丰碑。要深入挖掘雷锋精神的当代价值，创新学雷锋活动的方式方法，使雷锋精神真正深入人心，成为全社会特别是青少年的价值取向。学校是开展学雷锋活动的重要依托，青少年是学习雷锋精神的重要群体。要把学雷锋活动与加强未成年人和大学生思想政治教育结合起来，让学雷锋活动在广大青少年中蔚然成风，让雷锋精神代代相传、发扬光大。希望上海能在这方面创造更多经验，为实现中国梦作贡献。

——2012年3月5日，习近平总书记在十一届全国人大五次会议上对上海代表团的指示学习雷锋走过了几十年的时光，之前我们一直是仰视雷锋，对书本上记录的雷锋的好人好事耳熟能详，但宣传上的过度放大造成了雷锋形象的高大全和伟光正，忽略了他作为一个血肉丰满的人物的情感表达。新时代传承雷锋精神，需要放平视角，贴近最真实的雷锋，把他当作一个平凡和有思想的年轻人加以研究，在传承的过程中赋予雷锋精神更加鲜活的时代气息，推动把学习雷锋精神作为一个全民常态化的行为固定下来，例如把学雷锋活动常态化，而不仅仅只在某个固定的日子学习雷锋，每个集体应定期推选出学雷锋标兵，并给予表彰，从而提升雷锋在年轻人心中的接纳度。

雷锋精神,照亮志愿者人生

我今天听一位同志对另一位同志说:"人活着就是为了吃饭……"我觉得这种说法不对,我们吃饭是为了活着,可活着不是为了吃饭。我活着是为了全心全意为人民服务,是为人类的解放事业——共产主义而斗争。

——摘自 1962 年 8 月 6 日《雷锋日记》

实际上，做好人好事，只是雷锋精神外化于行的一部分。雷锋能够时时刻刻帮助别人、关心别人，不仅因为他已经把做好事当作一种正常的生活方式，更因为他具有共产党人高尚的道德情操。雷锋精神能够发展并延续到今天归功于以下四点：第一，雷锋把爱党、爱国、爱社会的感恩思想内化于心、外化于行，把帮助别人当作自己人生最大的快乐和幸福，它已经深入到雷锋思想的每个末梢；第二，雷锋是个心存大爱的人，他经历了新旧两个社会，通过对比真切地感受到了中国共产党领导的新中国是真心为老百姓谋利益、谋福祉的，这和黑暗腐败的、对劳动者进行剥削和压迫的旧中国是根本不同的，所以雷锋才倍加珍惜；第三，雷锋把个人的前途命运，同国家的前途和民族命运结合起来，在进行职业选择的时候，能够充分考虑国家、社会和人民的需要来选择具体的工作岗位；第四，雷锋个人坚韧不拔的品格，也是激励人、鼓舞人的生动教材，可以说雷锋不仅是一个脚踏实地的实干家，更是一个勇于探索的创造者。

雷锋是实践社会主义、共产主义思想的道德楷模，雷锋精神犹如一座永放光芒的灯塔，激发着人们向善向上的美好愿望。2013年的五四青年节，习近平总书记在与各界优秀青年代表座谈时勉励说："要倡导社会文明新风，带头学雷锋，积极参加志愿服务。"时至今日，践行雷锋精神，实行志愿服务蔚然成风，成为推动精神文明建设的一面鲜艳的旗帜，成为发展中国特色志愿服务的有效路径。"雷锋精神"的高扬和"志愿服务"的发展，使我国精神文明建设呈现出一幅生机勃勃的新时代图景。

志愿者，新时代的雷锋

"志愿者"是舶来词，起初中国老百姓对它很陌生。然而，事实上中国的传统文化蕴含着与志愿服务精神相通的慈善利他的价值观，如儒家讲"仁者爱人"，墨家讲"兼相爱、交相利"，道家讲"天道无亲，常与善人"，佛家讲"慈悲普度，利他济世"。从古至今，中华民族一直以忠厚善良闻名于世。中国共产党及其缔造的人民军队从诞生之日起，就把"为人民服务"作为唯一宗旨，其身体力行的"大公无私""毫不利己，专门利人"，无不体现志愿者价值的最高境界。

1963年，毛主席发出"向雷锋同志学习"的倡议，在全国范围内掀起了学雷锋的热潮，激发了亿万人民"学雷锋、做好事、树新风"的热情，从辽宁抚顺的第一个学雷锋小组、连云港公共汽车站的"第一'雷锋车'"，到遍布全国的学雷锋公益服务小组，它们都是那个时代中国志愿行动的鲜明特色，为以后与国际对接的志愿服务事业在中国的发展奠定了良好的基础。20世纪80年代末，我国改革开放最前沿的一些城市，如广州、深圳等地，为帮助外来新移民尽快实现创业或安居梦想，开始有了借鉴香港、澳门等地从事志愿服务事业的义工组织。他们将学到的优点跟学雷锋活动相结合，取长补短，打开了我国志愿服务的新局面。到了20世纪90年代，我国开始采用国际社会对公益活动的通用表述——志愿服务。

党的十八大以来，各地有关部门坚决贯彻中央的决策部署，坚持以培育和践行社会主义核心价值观为根本，着力把志愿服务与学雷锋活动有机结合，提出"学雷锋志愿服务"口号，树立起"学雷锋志愿服务"这个响亮的品牌。"学雷锋志愿服务"成为我国精神文明建设领域具有标志性的理论创新、实践创新和制度创新。

学雷锋志愿服务是精神文明建设的创新发展。"全心全意为人民服务""无私奉献"是雷锋精神的核心，"奉献、友爱、互助、进步"是志愿精神的精髓。雷锋精神是我们的宝贵财富，是我国社会主义精神文明建设的标杆；志愿精神也是我们这个时代的新精神，是社会主义精神文明的新标志。从"学雷锋"的特色表述到"志愿服务"的通用表述，从个人的爱心分享到社会责任的认同，从个体临时性的志愿服务到有计划的组织运作，一个"雷锋"早已延伸出无数的"志愿者"。

学雷锋志愿服务是学雷锋与志愿服务的有机结合，是对精神文明建设的理论创新。它把大力弘扬雷锋精神和积极参与志愿服务放在全面推进新时代中国特色社会主义事业、实现中华民族伟大复兴的中国梦的大背景下去认识、去要求、去行动，不仅探索出一条具有中国特色的志愿服务道路，也使学雷锋和弘扬雷锋精神更具鲜明的时代特色。

学雷锋志愿服务是精神文明建设的重要载体。自1963年起，在"向雷锋同志学习"的号召下，许多人就开始以雷锋为榜样，助人为乐、无私奉献，热心地向需要帮助者施以援手。无论是抢险救灾，还是拾金不昧，榜样的力量一直在感召着人们，雷锋精神始终在许多人身上延续着。20世纪80年代和90年代，随着志愿服务的传入和兴起，随着国家的号召和民间的认可，我国的志愿服务迅速发展并成为全社会的共识。人们不仅可以在北京、上海等中心城市举办的奥运会、世博会等大型国际国内活动上看到众多志愿者的身影，还可以在偏远的乡村，发现志愿者付出的真诚和大爱。如今，学雷锋志愿服务促进了学雷锋活动的常态化，让更多人投身志愿服务，并把雷锋精神和志愿精神播撒在祖国大地。学雷锋志愿服务是实现精神文明建设的重要载体，它让我国的志愿服务呈现出积极健康向上的发展态势，并于潜移默化中不断提升公众的文明素质和社会文明程度。

实践证明，继续深化和拓展学雷锋志愿服务活动，有利于引导和激励人们大力弘扬雷锋精神和志愿精神，胸怀理想、脚踏实地，为全面推进新时代中国特色社会主义事业、实现中华民族伟大复兴的中国梦而奋斗。

学雷锋志愿服务是精神文明建设的制度保障。随着全社会大力倡导和推动学雷锋志愿服务，学雷锋志愿服务的社会知晓度、认同度、参与度越来越高。中央精神文明建设指导委员会等部门为保障学雷锋志愿服务的持续有效开展，出台了一系列重要文件，如《关于推进志愿服务制度化的意见》《关于公共文化设施开展学雷锋志愿服务的实施意见》《志愿服务条例》。

学雷锋志愿服务把志愿服务与学雷锋活动结合起来，形成了具有中国特色的志愿服务，受到国际社会的赞誉，联合国负责志愿工作的官员在北京演讲时赞扬"雷锋是国际志愿者的旗帜"。因此，我们要坚定文化自信，大力弘扬雷锋精神和"奉献、友爱、互助、进步"的志愿精神，推进中国特色志愿服务制度化、常态化，营造"我为人人、人人为我"的良好风尚。

志愿服务是雷锋精神的新时代传承

显而易见，学雷锋志愿服务已经成为中国精神文明建设响亮的品牌。

首先，雷锋精神与志愿精神同辉，形成矩阵式的规模效应。

党的十八大以来，习近平总书记全面继承毛泽东等老一辈革命家、党和国家领导人关于学雷锋的重要思想，结合中国全面深化改革的新阶段、新形势的具体实际，发表了一系列学雷锋重要讲话。同样，在学雷锋的日子里，习近平总书记先后给本禹志愿服务队、郭明义爱心团队、中国青年志愿者研究生支教团等志愿者群体回信，还委托中共中央办公厅给无锡志愿者回信，高度肯定"奉献、友爱、互助、进步"的志愿精神，并向全国广大志愿者和爱心人士致以崇高的敬意。

雷锋精神的核心是"助人为乐、无私奉献"，志愿精神的精髓是"奉献、友爱、互助、进步"。如今，当我们认真体会雷锋精神的伟大之处时，不难发现雷锋总是将帮助别人当作自己的快乐，关怀他人胜过自己，对人民群众和国家之事怀有担当和大义。因此，雷锋留下的精神遗产，正是志愿服务所要坚守的基本内核。

志愿服务是现代社会文明进步的重要标志。"志愿"的本意，就是不以利益、金钱、扬名为目的，愿意为他人和社会作贡献，这正是对"雷锋精神"的一种诠释。2017年12月1日正式实施的《志愿服务条例》明确规定："志愿服务，是指志愿者、志愿服务组织和其他组织自愿、无偿向社会或者他人提供的公益服务。""开展志愿服务，应当遵循自愿、无偿、平等、诚信、合法的原则。"多年来，人们通过开展"学雷锋"和"志愿服务"得出更多相同的结论，找到了一条中国特色社会主义精神文明建设之路。2014年4月2日，习近平总书记嘱咐中共中央办公厅给无锡志愿者回信，明确指出，志愿服务体现了雷锋精神与志愿服务的一致性。信中写道："你们将助人为乐、与人为善作为生活的态度，用善行义举传递人间真情，用实际行动弘扬雷锋精神。你们的所作所为，无愧于'全国优秀志愿者'这个称号，令我们敬佩和感动。相信会有越来越多的人像你们一样，乐于做雷锋精神的种子，将雷锋精神播撒在中华大地上。""奉献、友爱、互助、进步"的志愿服务精神是与雷锋精神一脉相承的。因此，在开展志愿服务活动中，始终坚持与学雷锋活动相结合，赋予学雷锋活动更加鲜明的时代内涵，这是新时代中国特色社会主义精神文明建设的新任务和新使命。

其次，学雷锋志愿服务创精神文明建设佳绩，学雷锋志愿服务是一种崇高的文化精神，其以助人为乐作为价值取向的生命价值观,成为培育和弘扬社会主义核心价值观、树立价值观自信的大规模道德实践平台和有效载体。近年来,各地广泛开展了学雷锋志愿服务活动,涌现了大量凡人善举。"好人现象"的群体效应、最美志愿者的评选表彰及建设志愿之城的活动,使志愿服务逐渐成为社会生活的一部分,形成一种价值自觉,不仅温暖着你我他,而且感动着全社会。学雷锋志愿服务因此成为社会主义精神文明建设的一道亮丽的风景线。

党的十八大以来,学雷锋志愿服务取得了以下成果:

志愿服务队伍不断壮大。志愿者的注册人数逐年增加,志愿服务组织的发展规模逐步扩大。从青年志愿者到老年志愿者,年龄层次更加丰富;从职工志愿者、巾帼志愿者到党员志愿者,人员构成更加多元;从行政力量推动为主到群众自发建立起志愿服务组织,社会力量日趋活跃。

志愿服务的内容日益广泛。各地各有关部门、各类志愿服务组织坚持以需求为导向、以项目为抓手,精心设计开展了丰富多彩的志愿服务活动,项目内容涉及教育、科技、文化、卫生、交通、治安、环保等多个领域,涵盖社会生活的方方面面。可以说,志愿服务越来越成为服务国家发展、满足百姓需求、创新社会治理的重要方式和载体。

全社会的志愿服务意识不断加强。随着学雷锋志愿服务的开展和深化,志愿精神得到了弘扬,培育了志愿文化,营造了"我为人人、人人为我"的社会风尚。"有时间做志愿者、有困难找志愿者"已经逐渐成为一种社会风尚，成为人们的生活态度和生活方式。

雷锋精神和志愿精神深入人心。在今天的中国，具有雷锋精神的雷锋式先进人物不断涌现，而且在一些地方和领域形成了团队效应，如"当代雷锋"郭明义先后成立了无偿献血志愿者应急服务大队、希望工程爱心联队、红十字志愿者急救队、红十字志愿者服务队等七支大队，并在此基础上建立了"郭明义爱心团队"，其注册志愿者逾6万名，参加活动的志愿者遍布全国。像"郭明义爱心团队"这样的遍布各行各业的志愿组织正是雷锋精神和志愿精神的传承者。如今的学雷锋志愿服务赋予了学雷锋活动鲜明的时代内涵，体现了把雷锋精神和志愿精神发扬光大的本质要求。

雷锋精神人人可学，青少年是生力军

雷锋精神人人可学。通过学习雷锋、品读雷锋事迹，我们发现，雷锋身上所具有的信念能量、大爱胸怀、忘我精神、进取锐气都是从一件件具体的小事中体现出来的，彰显出平凡中的伟大。雷锋之所以能够长年累月地做好事，正是因为他能从帮助他人中发现人生的意义，找到内心的快乐。志愿服务源于自觉行为，许多志愿者喊出了"我志愿我快乐"的口号。因此，我们每一个普通群众都完全可以用志愿服务的方式，从自己身边开始学雷锋做好事。我们不仅可以爱岗敬业，服务国家，也可以从细微之处和

雷锋送老大娘回家

凡人小善做起，用自己力所能及的方式帮助他人。事实上，往往是并不起眼的凡人小善和志愿服务，更能够投射出志愿者所拥有的高尚无私、积极向上、温暖炽热的气质和品格。用小善来积大德，人人作为，久久为功，就会提升我们自己以及全体公民的思想道德素质和社会文明程度，进而让雷锋精神常在常用常新，并在新时代不断延伸，使每个助人者和受助者都能够更加亲切地感受到雷锋精神的脉动，让雷锋精神更加鲜活，也更加亲近。

雷锋精神人人可学，每个人都可以传承雷锋精神。学习和弘扬雷锋精神，要从身边做起、从小事做起，常为义善之举、常做有益之事，使学雷锋活动更加具体化、生活化，使雷锋精神渗透到人们的生产和生活的各个方面。

志愿服务处处可为。我们的日常行为是由价值观指导的。参加学雷锋志愿服务活动就是我们思与行、理论与实践的互动过程，贵在知行合一、行胜于言、行为心声，进而有效培育我们的社会主义核心价值观。志愿服务人人可为、处处可为、时时可为。志愿服务活动范围广泛，覆盖人民生活的各个领域，包括环境保护、大型赛事、抢险救灾、社区建设、文化传承等多种形式，是当今社会弘扬"为人民服务"精神的重要内容，且深受百姓欢迎。因此，党员、领导干部应带头参加志愿服务活动，从自己做起，从身边做起，从现在做起，带动全社会积极投身志愿服务。无论是一次文明礼让，还是一双及时的援手，每一份爱心、每一个善举都值得点赞。

人们的生活需要志愿服务，和谐社会需要志愿服务，文明发展也需要志愿服务。因此，志愿服务不仅人人可为，还是人人应为。作为社会的一员，每个人都可以以自己的方式参与志愿服务，凡人小善，汇聚成行善立德的志愿服务力量，而这股力量正是构建和夯实精神文明的社会基础。

青少年是参与和推动学雷锋志愿服务的生力军。青少年能否将雷锋精神与志愿精神铭记于心并实践于行，决定着我国未来志愿服务事业的发展。青少年要努力成为合格的学雷锋志愿者，在参与志愿服务中成长成才：

接受雷锋精神和志愿精神的洗礼，形成参与志愿活动的内驱力。青少年可以品读雷锋事迹，学习雷锋精神，也可以观看志愿者纪录片，领会志愿精神，让雷锋精神和志愿精神感召我们去参与志愿服务实践。

广泛参与志愿活动，在实践中树立"助人自助、乐人乐己"的志愿者情怀。从点滴做起，在力所能及的情况下，帮助他人，做对社会有益的事，坚信自己的每一个小善举都会让世界变得更美好。通过志愿实践提升自己解决困难的能力，推动自己形成正确的人生观和价值观。

提升个人的知识水平和能力，为参与更多志愿服务做准备。参与志愿服务光有爱心是不够的，还需要不断提升自身的知识和技能水平。如奥运会志愿者，要求外语能力过硬；支教老师，要求具有一定的文化水平；灾后心理援助，则要求志愿者有心理辅导的专业知识……青少年只有不断提升个人知识水平和能力，才能在他人遇到困难的时候施以援手。

广大青少年作为祖国的下一代,是学雷锋志愿服务的参与者、传播者和践行者。青少年要不断提升个人素养,以实际行动在中国特色志愿服务事业中书写别样的精彩人生。

雷锋精神,播撒种子永流传

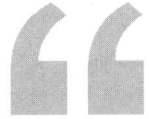

今天早上接到上级首长的指示,要我到旅顺海军部队汇报。上午十点十五分,我和军区的董记者、张助理员一同乘火车离沈(阳)去旅(顺)。列车上的旅客很多,我看服务员忙不过来,心想,自己是一个共产党员,共产党员的全部任务就是全心全意为人民服务。在这种情况下,我应当做一名义务服务员,为旅客们服务。我把自己的座位让给了一个老大娘,自己在车上找到了一把扫把,挨个扫完了整个车厢,接着又擦玻璃和车厢,而后给旅客们倒开水。有个老太太很亲切地对我说:"孩子,看你累得满头大汗,该休息啦。"我回答说:"没什么!"……一个大尉首长站起来握着我的手说:"大家应该向你学习。"我对首长说:"为人民服务这是我应尽的义务。"

——摘自 1961 年 4 月 23 日《雷锋日记》

一粒种子，孕育着无数蓬勃葱绿生命的可能，雷锋精神的种子的播撒维系着雷锋精神的传承与传播的千秋伟业。一个只有22年短暂生命的普通共产党员，能够赢得亿万人民的崇高和长久的敬意；一个普通的战士所表现的高贵品质，能够激励几代人的健康成长；一个群众性的活动，能够在几十年历史进程中延续不断，影响一个时代的社会风尚，这表明雷锋精神对于我们中华民族从过去到现在一直具有重大的价值。也正因为我们新中国"江山代有雷锋出"，一代代雷锋传人，像无数粒种子，用生命串起半个多世纪的学雷锋历史链条，演绎出了跨越世纪的雷锋精神颂歌。

在学雷锋的过程中，我们不要忘记雷锋作为一个个体的感情和认知——一个真实的雷锋首先是正常人、平凡人，其次才是英雄模范。我们在研究雷锋的人生经历中可以清楚地看到，湖南乡土文化的浸染、革命文化的熏陶，具有中华优秀传统文化色彩的毛泽东思想的感召，使雷锋的成长过程产生了品质的升华和自我的超越，这使得他能够将自我不断外化，并投射到极具历史意义的社会主义建设的宏大进程中去。

雷锋是一个具有担当精神的优秀青年。他具有服务社会的责任意识，虽然没有经天纬地的壮举，但他能够坚持把小事做细致，大事做精彩，凭着自己的"傻子精神"，把自己当作人民的勤务员，一心只想做好事，始终对国家、对人民、对社会高度负责。雷锋不同于同一时代的欧阳海、刘文学等英雄人物，他并没有做过什么舍生取义、惊天动地的大事。但他一直在平凡的工作岗位上默默地耕耘着、奉献着，他的成功就在于"钉子"精神，用锲而不舍的"挤劲"和"钻劲"，从平凡中建立不平凡，成就伟大。

雷锋把团队的利益放在第一位，不计较个人得失，他相信只有依靠集体的力量，才能创造奇迹。雷锋在入伍后并不是一帆风顺，也经历过挫折和困难，但是他以积极的心态热情地对待工作，全身心地投入到团队中去，在思想上逐步成熟，最终成长为一名优秀的共产党员。

播撒雷锋精神的种子

雷锋精神具有广泛的传播性、承载性、参照性和实践性，雷锋精神的种子既承载了雷锋精神的特性，又传承和弘扬了雷锋精神的生动内涵。

我们的党和国家领导人，常用种子来形象地说明精神的传播。毛主席曾经提出"星星之火，可以燎原"的著名"火种"论述。他指出，"我们共产党人好比种子，人民好比土地。我们到了一个地方，就要同那里的人民结合起来，在人民中间生根、开花"。习近平总书记秉承"共产党人好比种子"的思想，在雷锋精神传承与传播这个关乎全社会文明建设的战略问题上，创造性地提出了"雷锋精神的种子"的新概念，既将雷锋精神的传承与传播形象化、定向化和延展化，赋予雷锋精神的传承与传播以新的时代属性，又立足新时代、新特点提出了新任务、新要求。只有理解和把握雷锋精神的种子的深刻内涵,才能真正把握实质、领悟真谛,进而落到实处。

雷锋精神的种子的内核是红色基因,烙印着我党我军永不褪色的集体记忆。我党我军来自于人民、植根于人民,以"全心全意为人民服务"为根本宗旨。这种红色基因,从我党我军诞生起就植根于党和军队的肌体之中。这是培育雷锋精神的源泉,是雷锋精神的本质内涵,也是雷锋精神的种子的基本内核和基本点。这也正是习近平总书记高度重视雷锋精神的弘扬,多次强调要把雷锋精神弘扬好,"要做雷锋精神的种子,把雷锋精神广播在祖国大地上"的要义所在。雷锋精神的种子的品格与时俱进,始终与时代发展同频共振。雷锋精神诞生于火热的社会主义建设时期,它之所以具有穿越时空的旺盛生命力,根本原因在于不断注入和强调新的时代内容,始终与社会价值的主流和方向相契合,与时代发展的节律和内涵相衔接。不同历史时期,一批批学雷锋的先进典型,一个个新思想、新风尚源源不断地为雷锋精神增添了新的内容、赋予了新的内涵,因而雷锋精神才能始终引领时代潮流、回应时代诉求、推动时代进步。这就告诉我们,雷锋精神的种子要始终保有与时俱进的鲜活品格,关照和满足不同时期社会和人们的精神需求,凝聚力量,完成使命。

雷锋精神的种子植根的土壤是祖国大地,深入人心、走进大众是其最终价值目标。习近平总书记曾说:"雷锋精神,人人可学;奉献爱心,处处可为。"雷锋精神的种子有着广泛的群众性和实践性,这是当好雷锋精神的种子的基础和可能。老一辈革命家董必武曾赞扬雷锋，"只做平凡事皆成巨丽珍"。正因为雷锋所做的是大多数人都在做的平凡工作，人们才觉得可信可亲，从中感受到做一个好人并不难，由此产生强烈的共鸣，自觉地以雷锋为榜样，过有价值的人生。

雷锋精神的种子的强大力量

习近平总书记说，一个民族、一个国家，必须知道自己是谁，是从哪里来的，要到哪里去。这是培育和践行社会主义核心价值观要解决的核心问题，也是中华民族道路自信、理论自信、制度自信、文化自信的源泉。种子是繁衍后代的载体，雷锋精神的种子承载了解答"我是谁，我从哪里来，要到哪里去"的价值使命，肩负着用全部能量传承传播红色经典的重大责任。

雷锋精神的种子具有蓬勃的生命力，能够传承生生不息的先进思想。在新中国的发展历史上，王杰、罗阳、"大功三连"……一茬茬雷锋精神的种子层出不穷，在祖国大地生根发芽。解读他们蓬勃发展、经久不衰的精神密码，最根本的一条是，他们和雷锋一样始终对党怀有深厚的感情、坚定的信仰，真信、真学、真用党的创新理论。党的创新理论为雷锋精神赋予了新的时代内涵，他们在学雷锋的过程中，将生生不息的先进文化接续传承。

"大功三连"是人民军队中学习雷锋精神的先进集体，也是新时代雷锋精神的种子的代表之一。2017年，他们用习近平系列重要讲话精神建连育人的先进事迹，在全社会引起强烈反响，被中宣部授予"时代楷模"荣誉称号。他们传承弘扬"煤油灯下学毛著"的精神，几十年如一日紧跟党的创新理论、学用党的创新理论，用习近平系列重要讲话精神点亮思想灯塔、照亮前行之路；他们帮助涉世不深的社会青年系好人生扣子，帮助成长受挫的失落青年走出心理阴霾，帮助令家长头疼的问题青年矫正人生航向，帮助思想活跃的青年学生立起思想标尺；他们大力弘扬理论联系实际的优良学风，坚持用讲话精神铸忠诚、育新人、建连队，让官兵学出了好思想、好作风、好本事，让连队建设节节攀升、硕果累累，成为又一个时代标杆。

雷锋精神的种子具有强大的感召力，能够凝聚广泛深刻的道德认同。雷锋在广大人民群众的心中始终是一个光辉的榜样、一面鲜艳的旗帜、一座精神的丰碑，雷锋精神哺育和激励了一代又一代人成长。当今时代，雷锋精神的种子的身上继承着雷锋精神的深刻内涵，凝结着中华民族的优秀品德，闪烁着社会主义的道德光辉，更具有引领人民崇德尚义、向上向善的强大力量。

在河南邓州，有560个在雷锋团参军退伍的邓州籍战友发起成立了"编外雷锋团"，他们自觉以雷锋为榜样，对工作如夏天般火热，对群众如春天般温暖。当官的清正廉洁，为民的扎实肯干，成为当地人们敬仰的"雷锋战友""邓州好人"。几十年过去了，560颗种子长成了一片茂密的"雷锋林"，带出了遍布全市各个行业的2万多名学雷锋志愿者，他们的经验影响和推动了全国各地开

少先队员为雷锋戴红领巾

展学雷锋活动。2014年5月，中共中央办公厅调研室在代表习近平总书记给他们回信时，高度肯定了他们的经验："在离开雷锋的日子里，你们接过他的旗帜，踏着他的足迹，创建'邓州编外雷锋团'，持之以恒地传承雷锋精神，推动学雷锋活动在中原大地蓬勃开展，你们的所作所为令人感动。相信在你们的影响下，会有更多的人加入到弘扬雷锋精神的队伍，积极传递真善美，传播正能量。"

雷锋精神的种子具有深远的影响力，能够传播积极向上的时代正气，一颗种子不仅能长成参天大树，还能创造出整片的绿色世界。在全国闻名的雷锋生前所在部队，《学习雷锋好榜样》是久唱不衰的团歌，雷锋事迹是常讲常新的团课，而雷锋精神的种子是人人争当的"团宝"。这个部队的每一名转业复员官兵都有一份荣誉证书，扉页上面写着："无论你走向何方，你都不要忘记，你曾经生活战斗过的雷锋团；无论你在哪里，你都不要忘记，你和雷锋的伟大名字连在一起！"脱下军装，这些雷锋的战友就把传播雷锋精神的义务装进行囊，肩负着神圣的责任走向祖国的四面八方。据不完全统计，该部队转业退伍2万多名官兵，其中80%成为当地的精神文明标兵。"聚是一团火，散是满天星"，是他们把雷锋精神的种子播撒祖国大地的最好写照。

新时代要发挥好种子的重大作用

新时代赋予新使命，如何更好地发挥种子的作用，把雷锋精神广播在祖国大地，是摆在我们面前新的时代课题。

第一，要坚持讴歌先进，奋楫争先勇当时代先锋。一粒优质的种子是植物的精华，蕴含着成长必备的全部基因。"要做雷锋精神的种子，把雷锋精神广播在祖国大地上"，首先自身要具备像雷锋那样的精神品质，以实际行动书写新时代的雷锋故事。2016年4月26日，习近平总书记在知识分子、劳动模范、青年代表座谈会上说："要敢于做先锋，而不做过客、当看客，让创新成为青春远航的动力，让创业成为青春搏击的能量，让青春年华在为国家、为人民的奉献中焕发出绚丽光彩。"成为一粒沉甸甸的雷锋精神的种子，就需要有高尚纯洁且与主流思想相契合的精神内质，一名踏浪前行、击缶而歌的先锋青年，必须要将自身的理想抱负融入时代洪流、融入党和国家发展的伟大蓝图，实现个人梦与中国梦的精准对接。因而以雷锋为榜样，心怀一腔赤忱热血、激扬一身革命干劲、永葆一份使命情怀、担当一份时代责任，是做好种子的首要前提。

第二，要注重时代导向，与时俱进创新方法手段。种子是繁衍后代的载体，具有较大的潜在价值。但种子价值的最终实现除了种子自身的品质外，还必须与外部的自然条件（温度、湿度、水分、土壤等）、栽培技术、管理技术、加工技术等相匹配。同样的道理，传播雷锋精神要紧跟时代步伐，善于运用各种载体和先进手段，这样才能使雷锋精神历久弥新。

第三，要大力开展公益行动、学雷锋志愿服务等形式多样的主题实践活动，丰富内容载体，与文明城市、文明村镇、文明家庭等群众性精神文明创建活动同频共振。大到建设"雷锋城市"，小到创建"雷锋号"示范岗，让雷锋精神成为亮丽的名片，全国各地、各行各业都以冠名雷锋为荣，让雷锋精神在全社会蔚然成风；不断完善青少年志愿服务条例，广泛开展学雷锋、学道德模范等道德实践活动，通过"续写雷锋日记""续存雷锋存折"等活动载体，推动学雷锋活动常态化、制度化。

第四，要紧跟时代发展趋势，创新方法手段，让雷锋精神插上网络的翅膀，充分发挥网络传播互通特性，将"郭明义爱心团队"、河南邓州"编外雷锋团"和社会各界学雷锋先进典型会聚在一起，形成弘扬雷锋精神的强大局面，充分利用网络运营平台，积极开展网上学雷锋活动。近年来，雷锋生前所在部队整合"雷锋微博""善淘箱""数字化大礼包"形成学雷锋"新三件宝"，通过互联网发起"爱心字典进校园"和"蜂蜜"温暖包行动，为边远山区儿童募集了大量字典和过冬衣物，推动学雷锋活动不断创新和发展。

第五，要捍卫主流阵地，旗帜鲜明弘扬新风正气。一粒顽强的种子敢于冲破一切阻力、抵抗风雨侵袭。当好雷锋精神的种子，就要敢于直面敌对势力的污蔑和诋毁，坚决捍卫雷锋的光辉形象和崇高荣誉，旗帜鲜明地树新风、扬正气。2015年5月18日，习近平总书记在中央统战工作会议上强调，互联网是当前宣传思想工作的主阵地，这个阵地我们不去占领，人家就会去占领。要守土有责，打好反击战。网络既是人们获取信息的主渠道，也是敌对势力拔根去魂的主战场。应该说这些年，雷锋是网上宣传最多、传播最广的典型，也是网上质疑最多、抹黑最多的典型。雷锋的形象跟我们每个人都息息相关，在网上捍卫雷锋形象、旗帜鲜明弘扬雷锋精神就是舆论战、反击战，就是争取青年、赢得人心，我们必须直面斗争、逢敌亮剑，争当雷锋精神的捍卫者，绝不能眼睁睁地看着雷锋在网上被"不拿枪的敌人"推倒。要抢先发声，打好主动仗。"谣言动动嘴，真理跑断腿"，网上舆情事件发生突然、蔓延迅猛，只有准确地把握亮剑发声的时、度、效，先入为主、先声夺人，才能争取主动、掌握主导。人人都应争当雷锋精神的捍卫者，主动批驳负面消极言论，旗帜鲜明地举精神之旗、立精神之柱、建精神家园，巩固壮大主流思想舆论，正本清源、激浊扬清。要壮大声势，打好阵地战。网络阵地争夺交锋异常激烈，实践中不仅要把握先机、抢先占领，更要扩大声势、牢牢占住。我们每个单位和个人，都是传承和弘扬雷锋精神的种子和基础，都有义务有责任主动传播正能量，感染感动、影响带动更多的人加入学雷锋的行列里来。应通过有针对性、有重点地组织网上宣传，努力让雷锋成为时代"网红"，唱响新时代的雷锋歌声，讲好新时代的雷锋故事。

雷锋精神,平凡中焕发光彩

今日下了大雪,刮着刺骨的北风。我们为了使车辆经常保持良好的技术状况,随时开得动,我和韩玉臣同志主动到车场保养车辆。双手拿着冰冷的工具,调整和修理铁的机器,的确冷得很,有时手拿着铁的机件都粘在一起了。特别是双手伸到汽油里清洗机件,手指冻得好像针扎一样,我真想去烤烤火。

可是,一想起连长在军人大会上的动员报告:"在三九天保养车是一个战斗而艰巨的任务,过硬的技术是在冰天雪地里锻炼出来的。"这时我感到有一股暖流立刻传遍了全身,觉得有了无穷的力量,打消了烤火的念头,继续清洗机件。经过八个多小时的野外苦战,终于把汽车保养好了,虽然手冻裂了口子,但是锻炼了自己的意志,提高了技术。

——摘自 1962 年 1 月 16 日《雷锋日记》

过去，我们把雷锋作为一个典型来宣传，更多的是体现他的三头六臂、十项全能。但是对于习惯质疑一切的80后、90后甚至是00后，他们不愿意被动地接受雷锋故事的灌输，他们更希望看到一个能和他们打成一片的雷锋。那么，这样的雷锋存在吗？答案是肯定的，雷锋是一个从小就有梦想的人，在高小毕业的典礼上，他发言说自己准备当一个新式的农民，后来又梦想当工人、当解放军，这些梦想在他个人认知一点点进步的情况下都实现了。同样，他的文学梦也在这个时候一点点萌芽和生发，我们看《雷锋日记》就能体会到，雷锋作为一个文学青年有很强的文字功底，很多人质疑雷锋日记有后人文学加工的痕迹，但是我们在雷锋生前所在部队采访时，发现了落款时间为1961年11月17日的解放军报社聘请函，希望聘请雷锋做他们的通讯员，而且雷锋本人也在沈阳军区《前进报》上发表过多篇文章。这些事实告诉我们，雷锋有很强的文化基础，如果他没有英年早逝，也许真的可以在文学领域有所建树。同时，我们也可以清楚地看到，雷锋无论在工厂还是在部队，他的生活都是快乐的。雷锋喜欢拍照，他留下的300多张照片，大部分都面带着笑容，这说明他憧憬也享受着快乐的生活，所以才有纯真的笑意、阳光的内心。他喜欢读书，喜欢表演文艺节目，喜欢钻研科技知识，还怀揣着一个文学梦，这不正是现在很多青少年推崇的斜杠青年吗？我们要树立和传播雷锋精神，就要挖掘他身上更加平民化、年轻化的东西，让青少年容易接受和理解。

学雷锋活动从哪儿来？往哪儿去？

雷锋，一个伟大的共产主义战士，他牺牲了半个多世纪却仍然活在亿万中国人的心里。大家都想做雷锋，都觉得做雷锋光荣，这说明雷锋没有真正消失，千千万万个雷锋正在不断地成长起来。如何使这个现象深入地、持久地延续下去？习近平总书记关于学雷锋的指示中很重要的一点，就是要跟时代的发展接轨。因此，我们要研究到底是哪些精神，以及这些精神怎样跟今天这个时代、跟今天的青年结合起来，使之成为中华民族永远的精神图腾。学习雷锋，也要研究雷锋，研究雷锋精神，总结概括学雷锋活动的经验，找出带有规律性的东西且用其指导学雷锋实践活动，只有这样才能克服盲目性，增强自觉性，使学雷锋活动不断向纵深发展。其中，有一点十分重要，就是要研究雷锋的成长道路。我们不是常说，要不忘初心、不负使命嘛，学雷锋活动的初心是什么？学雷锋活动担负的使命是什么？应该引起我们的深思。2018年1月5日，习近平总书记在学习贯彻党的十九大精神研讨班开班仪式上发表了重要讲话。他强调，"历史和现实都告诉我们，一场社会革命要取得最终胜利，往往需要一个漫长的历史过程。只有回看走过的路、比较别人的路、远眺前行的路，弄清楚我们从哪儿来、往哪儿去，很多问题才能看得深、把得准"。习近平总书记这一重要思想，对观察学雷锋活动历史，厘清学雷锋活动"从哪儿来、往哪儿去"具有重要意义。

20世纪60年代初，毛主席发出"向雷锋同志学习"的伟大号召。向雷锋同志学习什么？要解决什么样的根本性的问题？刘少奇、周恩来、朱德、邓小平等党和国家领导人，分别在他们各自的题词中，回答了这个问题。1965年8月30日，中南海画册编辑委员会发表了毛泽东的手迹"学习白求恩，学习雷锋，为人民服务"。在这篇手迹里，毛泽东已经指明雷锋精神的核心是"全心全意为人民服务"，学雷锋最根本的是学习雷锋为人民服务。周恩来的题词"向雷锋同志学习：憎爱分明的阶级立场，言行一致的革命精神，公而忘私的共产主义风格，奋不顾身的无产阶级斗志"，概括出雷锋精神的基本内涵，告诉我们学雷锋时具体要学习的四个方面。刘少奇的题词"学习雷锋同志平凡而伟大的共产主义精神"，深刻地揭示了雷锋"平凡而伟大"的典型特征。

这些题词一方面从认识角度引导人们在学雷锋中着眼平凡，追求崇高，从雷锋的凡人小事中，探寻和强调不寻常的共产党人的价值；另一方面从实践角度启示了学雷锋活动的可能性、层次性、超越性，引导人们把胸怀远大目标与做好本职工作相结合。邓小平"谁愿当一个真正的共产主义者，就应该向雷锋同志的品德和风格学习"的题词，指明学雷锋是一个自觉成长为共产主义者的自我提升过程，是向共产主义者高标准前进的自觉的实践过程。

综上所述，毛泽东等老一辈革命家的一系列题词都告诉我们，学雷锋不只是简单地学雷锋做好事，助人为乐，最根本的是要解决"怎样做人，为谁活着"的问题，解决像雷锋那样做人、像雷锋那样做事的问题，解决树立正确的世界观、人生观、价值观的问题。而这些重要的思想，精准地规定了学雷锋活动的初心，同时也蕴含了要我们认真研究雷锋成长道路的深意。

2013年3月6日，习近平总书记在参加十二届全国人大一次会议辽宁代表团审议时强调，要充分发挥各方面英模人物的榜样作用，大力激发社会正能量，为实现中国梦提供强大精神动力。习近平总书记的讲话，确立了新时代学雷锋的坐标，要像雷锋那样，做一个具有"信念的能量、大爱的胸怀、忘我的精神、进取的锐气"的人。雷锋牺牲的时候只有22岁，是一个很普通的战士。他当过通讯员、拖拉机手、推土机手、汽车司机、工人，这些都是最平凡、最普通的工作。雷锋的学历也不高，小学毕业。他在新社会只生活了13年（他9岁时家乡才解放）。这么短的时间，这样艰苦的条件，他能成长为伟大的共产主义战士，能使中国人还有世界其他国家的人觉得他伟大，从而衍化成为一种世界文化现象，一定是有原因的。研究他的成长道路和成长规律，对更多人的成长会有很大的帮助。这实际上也是研究人的成长过程，尤其是道德观念的成长过程。更深一层地说，是人的世界观、人生观、价值观变化的过程。

感恩思想是雷锋道德观念的萌芽

中国历代思想家都很重视研究人的道德观念是怎样萌芽的。像孟子的"四端"说，研究这些价值观念是从哪里发端的。"恻隐之

雷锋的入党介绍人高士祥指导雷锋写入党志愿书

心"是"仁之端也",看到别人的苦难,觉得同情,有这么一点同情心,就会生出"仁"来。"羞恶之心,义之端也",做了不好的事情觉得难为情,有了这点难为情最后就可以生出分辨是非的"义"来。有一些人认为,雷锋仅仅就是简单感恩、报恩,这是很低级的思想。他们的目的就是要贬低雷锋。根据我们对雷锋的研究,说雷锋从报恩思想开始,一点儿都没错,而且我们根本就不应该否定感恩。从雷锋的经历看,他有报恩思想是很正常的。雷锋1940年出生,贫苦农民出身。在他不到2岁的时候,爷爷就得了重病,年关时被地主催债逼死了。在他4岁时,父亲被日本侵略军拉去当车夫,被打得吐血,回来没钱治病,拖到第二年冬天死了。他的哥哥12岁时当童工,得了肺结核,也没钱治病,在雷锋6岁的时候死了。哥哥死后,雷锋的小弟弟也连饿带病去世了。他的妈妈为了养活雷锋,到地主家里去帮工,受到凌辱,没有地方申冤,悬梁自尽了,当时雷锋不满7岁。一天,他一个人到山上去砍柴,地主婆看见了,认为山是她家的,把他手里的刀夺下来,在他手背上砍了三刀。后来,他到处要饭,身上长满了疮。雷锋9岁时,解放军来了。他当时就要求:"我要跟着你们走,我也要当解放军。你们别看我小,我什么都能干。"后来,他上了学,加入了少先队,有了工作,到了乡政府当通讯员,后来又当了工人,参了军。这样两种经历对比,他怎么能不感激党,不感激新社会?这样的经历,实际上是中国人集体经历的一个缩影。当时整个中华民族都是这样一种经历。问题在于这些经历怎样跟现在联系起来?今天还能不能有感恩思想呢?

探寻雷锋成长"密码"

雷锋从感恩思想出发,进一步认识了人和社会、个人和集体、自己和他人之间的关系。人本身就是作为"类"产生的。石器等工具的发明,火的发明,文字的创造,计算机、手机、机器人的发明……这些不是靠哪一个人能够实现的。任何一个人,哪怕是有史以来最伟大的人,他的贡献都远远小于他从整个人类获得的东西。每个人对人类都应该感恩,因为每个人都要依靠整个人类。他取得的成就是以吸取别人的智慧为基础的;他的科学发明,要用别人创造的语言来讲解,用别人创造的文字来记录。

我们虽然是整体的一部分,但每一个人又是作为个体存在的。个体的各种感受对个人自身来说是最直接、最切身的感受,而作为整体的一部分获得各种东西是间接获得的。这就会产生矛盾,这个矛盾就是哲学上永远的课题,研究世界观、价值观根本上就是要研究这个问题。毛泽东曾经评价雷锋,说他懂得一点哲学。他懂得的是什么呢?主要是自己和他人的关系。这是人的世界观中最根本的一部分。一滴水只有放进大海里才能永远不干,一个人只有当他把自己和集体融合在一起的时候才能有力量。认识到这个问题,他就不再是简单的报恩了,而是升华到了自觉地把自己融入集体,融入到无限的为人民服务当中去。

这个升华从哪儿来?怎样才能够升华?从雷锋的成长历程来看,主要有两个方面:一个方面是学习。雷锋只有小学文化,但是他非常刻苦，抓住一切机会学习。只要有"钉子"精神，时间就能挤出来。他不管是开拖拉机、开汽车，在各个岗位上都是能手。他并不是一上来就能把每项工作做得很好，但他爱学习，包括学习毛主席的著作、报纸上的好文章。从这里也可以看到，人不学习，是难以进步的。那么，怎么学习呢？雷锋学习时还有一个特点，就是他是真学。一次他到伙房，看到锅巴，嘴馋了，就拿起一块吃了。炊事员批评他，他不好意思，很不开心。回去后，他阅读了毛主席著作，读到"因为我们是为人民服务的，所以，我们如果有缺点，就不怕别人批评指出。不管是什么人，谁向我们指出都行。只要你说得对，我们就改正"，他把这句话抄下来，一遍一遍地念，念了12遍。然后想通了，要改正错误。这是真学！我们可能读了一百本书，一个错误都没改，但他可以一句话读12遍，然后把错误改了。今天，信息来源渠道更多了，年轻人感兴趣的东西变化了，都和雷锋那个时代不同了。用什么方法提供好的学习资料给青年人？如何更及时、更方便地让年轻人学得到？这是我们要思考的地方。另一个方面是实践。归根到底，人的正确思想是从社会实践中来的。雷锋的社会实践是什么？他的社会实践对他有什么帮助？他做乡政府通讯员、当公务员的社会实践使他明白了政府跟老百姓的关系——政府就是为老百姓办事的。他去开拖拉机、当工人，使他和最先进的生产力联系在一起。他说的螺丝钉跟整体的关系，便是他跟先进生产力联系后得到的体会。他从亲身实践中懂得了，再好的螺丝钉不在机器上也等于零；

在机器上安得恰当，作用就会大得很。他最后选择了加入解放军，因为他认为解放军是最光荣的人，他们保卫人民的利益，是为人民服务的。

在雷锋的社会实践中，还有很重要的一点，就是他所做的绝大多数事情，都得到了别人的赞扬、肯定。别人的赞美对他是一种鼓励，因为他所做的事情和中国人的传统价值观念、传统道德观念是吻合的，和绝大多数群众的意愿是吻合的，和各级领导对他的培养、教育、重视也是吻合的。如果没有单位领导的重视和培养，雷锋也不会这么快地成长起来。各个单位都觉得他是个好苗子，都愿意栽培他，他做得越多，这种培养的积极性就越高；越培养他，他的干劲也就越大。好的精神、好的道德要成长起来是需要环境的，是需要条件的。我们何不创造这个环境、这个条件呢？我们不光是呼唤，还要支持更多的雷锋成长起来。

我们不光是要研究雷锋精神，而且要研究雷锋的成长道路、成长规律，以及学雷锋人的成长规律，这样才能让千千万万个雷锋源源不断地成长起来。

04

雷锋精神

新时代,新弘扬

《永恒的信仰》

雷锋精神，人人可学；奉献爱心，处处可为。积小善为大善，善莫大焉。当有人需要帮助时，大家搭把手、出份力，社会将变得更加美好。我国工人阶级应该为全社会学雷锋、树新风作出榜样，让学习雷锋精神在祖国大地蔚然成风。希望你们努力践行社会主义核心价值观，积极向上向善，从"赠人玫瑰、手有余香"中感受善的力量，以实际行动书写新时代的雷锋故事，为实现中国梦有一分热发一分光。

——2014年3月5日，习近平总书记给"郭明义爱心团队"的回信

2022年是建党101周年，习近平总书记在很多重要场合都强调过雷锋精神与红色文化的相关性和重要性，并多次指示要永远弘扬雷锋精神，传承红色传统文化，使红色基因代代相传。雷锋精神正是中华民族精神的写照，雷锋及雷锋式的人物是我们"民族的脊梁"。雷锋精神是在我们伟大的民族精神滋养下形成和发展起来的，是传统文化的精神标识。在社会主义新时代，我们有责任、有义务、有必要将雷锋精神推举到新的高度，自觉发扬并传承下去。

激发创新勇气,弘扬雷锋精神

我们要真正学到一点东西,就要虚心。譬如一个碗,如果已经装得满满的,哪怕再有好吃的东西,像海参、鱼翅之类,也装不进去,如果碗是空的,就能装很多东西。装知识的碗,就要像神话中的"宝碗"一样,永远也装不满。

——摘自 1962 年 3 月 28 日《雷锋日记》

改革开放 40 多年来，波澜壮阔的改革历程给我们的启示是：要有"敢为人先"的创新的胆识。传承和弘扬雷锋精神，就要把握创新的脉搏，因为雷锋精神与改革创新的时代精神殊途同归，体现了我国社会发展的方向、引领着时代进步的潮流，得到全社会的普遍认同和接受，它的思想观念、价值取向、道德规范和行为方式，体现了当代社会的特点和风貌。因此，第一，我们要提炼雷锋精神所具有的创新意识，找到雷锋精神与现今年轻人的共同点和思想共鸣，要将雷锋战友对他的评价，如"雷锋，素质好，看问题角度新"等，转化为宣传雷锋创新精神的着力点；第二，我们要挖掘雷锋精神具有的实际创新动力，特别是挖掘雷锋敢为人先、开拓进取的个人品质，号召新时代广大年轻人，敢于接受挑战，克服困难，在平凡的岗位上，在实现目标的过程中，实现自我完善和升华；第三，我们要推崇雷锋精神具有的强烈创新担当，通过宣扬雷锋兢兢业业、精益求精、永不自满的精神，鼓励新时代共产党员坚定理想信念，激发创新活力，凝聚起道德的力量，激发创新的勇气。

发扬"钉子"精神，矢志创新

创新，是以新思维、新发明和新描述为特征的一种概念化过程。它有三层含义：第一，更新；第二，创造新的东西；第三，改变。创新是人类特有的认识能力和实践能力，是人类主观能动性的高级表现形式，是推动民族进步和社会发展的不竭动力。一个民族要想走在时代前列，就一刻也不能停止理论创新。

近代以来，人类文明进步所取得的丰硕成果，主要得益于科学发现、技术创新和工程技术的不断进步，得益于科学技术的先进生产力，得益于启蒙运动带来的思想观念的巨大解放。可以这样说，人类社会从低级到高级、从简单到复杂、从原始到现代的进化历程，就是一个不断创新的过程。不同民族发展的速度有快有慢，发展的阶段有先有后，发展的水平有高有低，究其原因，民族创新能力的大小是主要因素。

创新是一个民族进步的灵魂，是一个国家兴旺发达的不竭动力，也是一个政党永葆生机的源泉。创新不容易。第一，创新意味着改变，所谓推陈出新、气象万新、焕然一新，无不诉说着一个"变"字；第二，创新意味着付出，因为惯性作用，事物没有外力是不可能有改变的，这个外力就是创新者的付出；第三，创新意味着风险，都说一分耕耘一分收获，而创新却可能收获一份失败。创新确实不容易，所以总是在创新前面加上"积极""勇于""大胆"之类的词。

因为创新不容易，所以创新成为人才的一大特征，也就有了创新型人才。那么，创新型人才除了专业知识和技能外，要具备什么样的心理特征呢？首先，要有自信，相信自己有能力改变；其次，要有激情，为实现目标不懈奋斗；再次，要有担当，控制失败风险和勇于承担失败后果。

培养人才的创新本领，不能忽略创新心理的培养。自信心不足，点子不能成为行动，行动不能得到坚持；缺乏激情，创新没有动力，思维会僵化，行动会迟缓；没有责任心，创新风险容易失控，即便成功可能也难以取得持续的进步。

在这个意义上，雷锋精神对于创新就有着非常重要的作用。具备了雷锋精神，就能拥有足够的行动力、坚持力，拥有激情、责任心，才能够真正做到锐意进取、自强不息，进而取得创新的成功。

雷锋在学习上如饥似渴、刻苦钻研。他把工作和学习比作"灯"和"油"的关系，他的一生是学习的一生。他不仅重视学习革命理论，也重视学习科学文化知识，无论做什么，他都会把事情的道理弄清楚，他在学习上倾注了大量的精力。为了在繁忙的工作中争取更多的时间看书，他做到了"早起点，晚睡点，饭前饭后挤一点，行车走路想着点，外出开会抓紧点，星期假日多学点"，这种见缝插针地进行学习的"钉子"精神对创新而言具有非常重要的意义。

在社会主义新时代，发扬雷锋的"钉子"精神对于创新具有十分重要的意义。经历了一万年以前的农业革命和几百年以前的工业革命之后，人类社会在21世纪已进入一个全新的信息革命时代。信息革命的本质是使人类迈入一个以知识经济和学习社会为特征的时代。在这样一个时代，创新是主旋律，只有创新才有出路，不创新，只有死路一条。

在这样的时代条件下，我们更应该充分发扬雷锋精神，牢牢盯住创新这一目标，抓住一切机会进行学习，为创新积累条件、创造环境,更要抓住一切机会进行创新,锐意进取、自强不息,用实际行动践行雷锋精神,发扬雷锋精神,从而做一名无愧于时代的"新雷锋"。

创新离不开自强不息的雷锋精神

就个人的发展而言,雷锋的故事以及无数成功者的经验都告诉我们,一个人的成功不在其有多高的天赋,也不在其有多好的环境,而在于其所具有的坚定的意志、坚强的决心和明确的目标。只要脚踏实地,自强不息,一步一个脚印地向着崇高的理想迈进,总会有所收获,有所成就。那么,自强是什么?

自强是一种永无止境的追求。旧的问题解决了,新的问题又出现了;一个困难克服了,另一个困难又来了。人的一生就是不断克服困难、解决问题的过程。生命不息,自强不止。一旦停止了自强,生命就失去了支点,生命之火就会变得黯淡无光。

自强是奋发进取,是对美好未来的无限憧憬和不懈追求。自强者的精神之所以可贵,在于其依靠的是自己的拼搏和奋斗,而非父辈的荫庇提携。自强是自立的前提,不自强无以自立。

自强离不开坚定的意志和坚强的决心。"有志者事竟成,破釜沉舟,百二秦关终属楚;苦心人天不负,卧薪尝胆,三千越甲可吞吴。"落第秀才蒲松龄以历史上自强者的事迹自勉,终于成为一个名载史册的自强者。这个事例也道出了意志和决心对于自强的决

雷锋对照教材学习汽车维修技术

定作用。

对创新者而言，自强是取得成功的基础和保障，自强不息的雷锋精神应该成为创新者的座右铭。

自强不息，力争上游是雷锋的鲜明特征。他对人生充满了乐观精神，遇到困难从不畏惧，总能以极大的勇气去克服。无论做什么事，他对自己总是提出更高的要求，不甘人后。这样一种积极向上的人生态度使雷锋的一生充满了力度，他成功地践行了"天行健，君子以自强不息"的理念。

《周易》中的"天行健，君子以自强不息"，集中地表达了我们祖先积极进取、永不停息的意识。无数先人也曾身体力行地践行这一道德信条。从孔子"发愤忘食，乐以忘忧，不知老之将至云尔"的勤奋治学精神，到孟子"苦其心志，劳其筋骨，饿其体肤"的自觉修身实践，都是自强不息精神的体现。这种积极进取的精神，曾经激励我们民族的无数仁人志士，在战胜自然灾害和改造恶劣社会环境的斗争中，勇往直前，敢攀高峰。

建设社会主义现代化强国，是一项前无古人的崭新事业，没有现成的经验，没有固定的模式，只有在实践中大胆探索，反复实践，才能不断开辟建设中国特色社会主义的新境界。我国的社会主义现代化建设虽然取得了举世瞩目的成就，但与发达国家相比仍有差距，面临着许多困难。经济体制改革处于攻坚阶段，存在着国有企业市场化、经济结构大调整、生产力升级换代、政府职能转变、健全社会保障体系等一系列复杂的问题。在新的历史时期，我们面临着复杂的国际政治环境,在经济全球化的进程中,西方国家霸权主义、强权政治不断挤压,所以自强不息、发奋图强的创新精神与创新行动更应成为我们国民人格和国民行动的重要组成部分。

发扬优良传统,弘扬雷锋精神

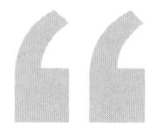

十多年来,我在党的不断培养教育下,从一个幼稚无知的穷孩子成长为一个国防军战士,光荣的共产党员。我懂得了:一个人只要肯干,就可以为祖国做许多好事。但,一个人的力量毕竟是有限的,走不远,飞不高,犹如一条条小渠,如果不汇入江河,永远也不会汹涌澎湃,一泻千里……是啊,做工作要紧紧依靠党,依靠群众,才能最有力量,取得工作的胜利。

——摘自 1961 年 10 月 28 日《雷锋日记》

雷锋精神是红色文化培育出来的精神结晶，它生动地体现了社会主义核心价值观，集中彰显了中国共产党人的优良作风。广大共产党员带头学习雷锋、弘扬雷锋精神，是传承雷锋精神的重要组成部分，也是加强和改进党的作风建设，锤炼与锻造共产党人优良作风的重要途径。

当那首脍炙人口的歌曲《学习雷锋好榜样》响起，我们听到"学习雷锋好榜样，忠于革命忠于党"的歌词时，可以体会到雷锋精神的思想内核就是"忠诚"二字。对党忠诚，听党指挥，忠诚使命，报效祖国，就是雷锋忠诚于革命、忠诚于理想信念、忠诚于人民的生动写照。我们要用雷锋的真实故事来感召如今的青年党员，而不是对他们进行说教，要让他们真实地体会到，雷锋忠诚于理想信念，始终保持着革命乐观主义精神、昂扬的前进斗志和勇往直前的革命干劲，因而才用生命践行了毕生为共产主义事业奋斗的无悔誓言。

现今，我们要深入研究雷锋精神，体现出共产党人的品质，如大公无私、批评与自我批评的思想作风，密切联系群众、求真务实的工作作风，崇学好学、学以致用的优良文风，以节俭为荣、以劳动为美、以乐观为要的生活作风。这些共产党人所具有的优良作风，在雷锋精神中都有相应的体现。我们要采用代入式、沉浸式、体验式的新做法、新举措，让新时代的共产党人体验雷锋精神究竟是怎样一种精神品质，入脑入心，见学见行动，从而实现从自发到自觉的学习和融入。

以对党的赤诚之心延续雷锋精神

雷锋"生在旧社会,长在红旗下",新旧社会的鲜明对比,从被压迫到翻身做主人的巨大变化,使雷锋在内心里对共产党和新中国满怀感恩之情。他无数次把党比作母亲,发自肺腑地说:"解放后我有了家,我的母亲就是党。""伟大的党啊——我慈祥的母亲,是您把我从虎口中拯救出来,抚育我成长。是您,给了我无产阶级的思想。是您,给我指出了前进的方向。是您,给了我前进的动力。是您,给了我一切。"他在日记中深情地写道:"我就是长着一个心眼,我一心向着党,向着社会主义,向着共产主义。""我要永远忠于党,忠于人民,时刻准备着,为党和阶级的最高利益牺牲自己的一切,直至生命。"雷锋22岁的短暂一生,正是无比热爱党、无比忠于党、为了党的事业忘我奋斗的一生。

没有共产党就没有新中国,就没有中国特色社会主义,就没有中华民族从站起来、富起来到强起来的伟大飞跃,这是从亿万中华儿女的亲身经历中得出的结论。办好中国的事情,关键在党。习近平总书记在党的十九大报告中指出:"我们党要始终成为时代先锋、民族脊梁,始终成为马克思主义执政党,自身必须始终过硬。"这种"过硬"落实在党员干部身上,就应该像雷锋那样对党绝对忠诚,"不忘初心、牢记使命",永远保持"忠诚干净担当"的先锋模范形象。

《党章》对共产党员明确要求:"对党忠诚老实,言行一

在连队举办的"雷锋艰苦朴素事迹展览"上,雷锋向战友介绍缝补经验

致""对党忠诚,积极工作"。这种忠诚不是一般的忠诚,而是必须绝对忠诚。习近平总书记指出,对党绝对忠诚要害在"绝对"两个字,就是唯一的、彻底的、无条件的、不掺任何杂质的、没有任何水分的忠诚。"绝对"两个字,是对党员忠诚品质的考量,也是检验党员忠诚度的标准。在"不忘初心、牢记使命"主题教育中,党员干部要实现理论学习有收获、思想政治受洗礼、干事创业敢担当、为民服务解难题、清正廉洁作表率的具体目标,就必须大力锤炼对党绝对忠诚的政治品格。

建党百余年来,正是因为有千千万万像雷锋这样的党员干部忠诚于党,具有坚定的理想信念,我们党才形成了强大的凝聚力、向心力和战斗力,党的事业才能不断地发展壮大,把积贫积弱的旧中国建成了繁荣昌盛的新中国,巍然屹立于世界东方。新中国成立前,在国民党反动派实行白色恐怖时期,信仰马克思主义和宣传共产主义是要被杀头的。20世纪上半叶的北京城内,到处张贴着"宣传赤化,主张共产,不分首从,一律死刑"的布告。南京雨花台荒僻的山谷中,彻夜响着枪杀革命者的枪声。但是,真正的马克思主义者并没有被吓倒。中国共产党的创始人之一、北京大学教授李大钊被捕后,在法庭上"态度极从容,毫不惊慌","着灰布棉袍、青布马褂,俨然一共产党领袖之气概","自谓平素信仰共产主义,侃侃而谈,不愧为革命志士本色"。无产阶级革命家、军事家方志敏面对敌人的屠刀,更是凛然宣告:"敌人只能砍下我们的头颅,决不能动摇我们的信仰!因为我们信仰的主义,乃是宇宙的真理!"

他的无畏精神和崇高人格，甚至感化了监狱的一对看守夫妇，他们后来将方志敏的《可爱的中国》等手稿冒险保存下来并妥善转交到了鲁迅先生手中。很显然，在革命先烈那里，信仰不是宏大叙事，也不是高头讲章，而是有血有肉、脚踏实地的奋斗和牺牲，是用行动体现信仰力量的生动实践。

"为有牺牲多壮志，敢教日月换新天。"当历史的接力棒传到新一代人手中的时候，虽然我们不必像前辈那样随时面临流血牺牲的危险，但同样要面对能否真正坚持共产主义理想的现实考验。习近平总书记指出："今天，衡量一名共产党员、一名领导干部是否具有共产主义远大理想，是有客观标准的，那就要看他能否坚持全心全意为人民服务的根本宗旨，能否吃苦在前、享受在后，能否勤奋工作、廉洁奉公，能否为理想而奋不顾身去拼搏、去奋斗、去献出自己的全部精力乃至生命。"在这个客观标准面前，无数优秀共产党员以雷锋为榜样，信念坚定、对党忠诚，敢于担当、攻坚克难，牢记宗旨、心系群众，淡泊名利、清正廉洁，真正把共产主义理想变为了脚踏实地的行动。然而，也有个别党员干部却是"理论武装嘴巴"，喊口号多、办实事少，坐而论道、凌空蹈虚，在理想信念问题上交出了白卷。考察那些贪腐分子堕落的轨迹可以看到，他们的共同特点就是精神上"缺钙"，得了"软骨病"，理想信念丧失，背弃初心使命，从而导致政治上变质、经济上贪婪、道德上堕落、生活上腐化。因此，我们向雷锋学习，讲绝对忠诚于党，首先就要坚定共产主义理想，坚定马克思主义的信仰，坚定中国特色社会主义的信念，坚定改革开放和社会主义现代化建设的信心，做到"千磨万击还坚劲，任尔东西南北风"。

以为人民服务的实际行动践行雷锋精神

人民群众是历史的主体，是历史的创造者。除了人民的利益，我们党没有任何自身特殊的利益。因此，自觉践行全心全意为人民服务的宗旨，始终保持与人民群众的血肉联系，是党员对党绝对忠诚的根本所在。雷锋最为人们熟知的一句话就是："人的生命是有限的，可是，为人民服务是无限的，我要把有限的生命，投入到无限的为人民服务之中去。"这句话不仅是雷锋的心声，更是他生命实践的结晶。

习近平总书记在"不忘初心、牢记使命"主题教育工作会议上强调，"守初心，就是要牢记全心全意为人民服务的根本宗旨，以坚定的理想信念坚守初心，牢记人民对美好生活的向往就是我们的奋斗目标……时刻不忘我们党来自人民、根植人民……永远不能脱离群众、轻视群众、漠视群众疾苦"。

在纪念红军长征胜利 80 周年大会上，习近平总书记深情地讲述了"半条棉被"的故事。1934 年红军开始长征不久，在湖南汝城县沙洲村，3 名女红军战士借宿在徐解秀的家中。她们看到徐家床上只有一块烂棉絮和一件破蓑衣，就打开被子同徐解秀挤在一张临时加宽的床上。第二天下午，红军女战士要走了，她们提出将被子留给徐解秀。徐解秀知道红军要赶路,不忍心要她们的被子。这时,一位女红军找来一把剪刀,把被子剪成了两半,硬是留下半条给了她。徐解秀后来逢人便说:"什么是共产党?共产党就是自己有一条被子,也要剪下半条给老百姓的人。"今天,红军女战士住过的房子还保留着,屋内那张铺着草席的木板床,向人们展示着当年这个普通农户艰难的生活。徐解秀的后人不断地向人们传颂着这个红色故事,传播着党"一切为了人民、一切依靠人民"的初心和恒心。

雷锋参军以后,在一份报告手稿中写道:"毛主席的教导告诉了我,要得到群众的拥护,就得从关心群众做起。"正因为我们党坚持以人民为中心,时刻把人民放在心中的最高位置,所以得到了人民真心诚意的拥戴和支持。《西柏坡组歌·天下乡亲》中有这样深情的歌唱:"最后一尺布用来缝军装,最后一碗米用来做军粮,最后的老棉袄盖在了担架上,最后的亲骨肉送他到战场!"历史证明,同人民风雨同舟、血脉相通、生死与共,是中国共产党战胜一切艰难险阻的根本保证,也是我们党赢得人民拥护、夺得政权、巩固政权的根本保证。党员干部只有永远与人民群众保持血肉联系,把为民办实事作为履职尽责的根本,把群众满意作为工作的第一标准,诚心诚意当好人民的公仆,才能显示忠诚于党的政治本色。不论形势如何发展变化,只要我们"不忘初心、牢记使命",始终与人民心连心、同呼吸、共命运,始终和人民一块苦、一块干、一块过,党的队伍就一定能永葆生机与活力,就一定能始终拥有不竭的力量源泉,就一定能在带领人民共筑中国梦中创造更加辉煌的未来!

以高度的组织观念培育雷锋精神

具有严密的组织体系，是马克思主义政党的鲜明特点。列宁有一段著名的论述："谁都知道，群众是划分阶级的……阶级通常是由政党领导的；政党通常是由最有威信、最有影响、最有经验、被选出担任最重要职务而称为领袖的人们所组成的比较稳定的集团来主持的。这都是起码的常识。"在中国共产党内"个人服从组织，少数服从多数，下级服从上级，全党服从中央"，这"四个服从"是最基本的组织原则，也是强化党员对党绝对忠诚的组织保证。雷锋说："只要听党和毛主席的话，积极肯干，就能为祖国为人民做出许多好事。""党指向哪里，我就冲向哪里，处处以整体利益为重，全心全意为革命工作。""做毛主席的好战士。"可以说，高度的组织观念、严格执行纪律、无比忠于党，是雷锋精神重要的闪光点。

党的十八大以来，以习近平同志为核心的党中央，引领 14 亿人民砥砺奋进，党和国家在改革发展稳定、内政外交国防、治党治国治军等方面取得了一系列意义深远的成就，解决了许多长期想解决而没有解决的难题，办成了许多长期想办而没有办成的大事，党的面貌、国家的面貌、社会的面貌，都发生了根本性变化。在新的斗争实践中，确立习近平同志党中央的核心、全党的核心地位，是历史和人民的选择，反映了全党全军全国各族人民的共同心愿。当年，孙中山先生曾语重心长地告诫："一盘散沙，才是中华民族最大的敌人。"邓小平指出："任何一个领导集体都要有一个核心，没有核心的领导是靠不住的。"这些话现在听起来，依然如醍醐灌顶，振聋发聩。中国特色社会主义进入新时代，在严峻复杂的形势和繁重艰巨的任务面前，党员干部只有不断增强"四个意识"、坚定"四个自信"、做到"两个维护"，时刻在思想上、政治上、行动上与党中央保持高度一致，才能交上对党绝对忠诚的合格答卷。

以筑牢纪律底线提升雷锋精神

雷锋参加工作以后，纪律观念越来越强。他在日记中写道："我应当继续加强组织纪律性，向违法乱纪做斗争，严守纪律，听从指挥。"他清楚地认识到组织纪律的重要性，展现出敢于同违法乱纪行为斗争到底的可贵精神。参军以后，雷锋对自己要求更加严格，堪称是遵守纪律的典范，他时刻要求自己"严格遵守部队一切纪律"，提醒自己"当你在最困难、最危险甚至威胁自己生命之时，也能严格地遵守纪律，那就是好党员"。

纪律严明、令行禁止，历来是我们党的政治优势。习近平总书记强调："讲规矩是对党员、干部党性的重要考验，是对党员、干部对党忠诚度的重要检验。"

"非规矩不能定方圆，非准绳不能正曲直。"国家宪法法律，是所有公民不可触碰的底线；党纪党规，是所有党员不可逾越的底线。《党章》是党的根本大法和总章程，规定了党的理想信念宗旨，总结了党的优良传统和作风，明确了党员哪些应该做，哪些必须做，哪些碰都不能碰，其中的誓词"拥护党的纲领，遵守党的章程，履行党员义务，执行党的决定，严守党的纪律，保守党的秘密"，毫无疑问都是不可触碰的底线。《中国共产党纪律处分条例》等党内法规，强调"纪"在"法"前，把纪律挺在法律前面，对《党章》的规定进一步细化和具体化，为党员干部开具了"动辄则咎"的负面清单，使党纪党规具有很强的操作性，看似"紧箍咒"，却可以帮助党员干部在行动中避开"带电的高压线"。因此，党组织制定的法则规章，我们要坚决贯彻落实，并在执行过程中强化监督问责，真正做到"真管真严、敢管敢严、长管长严"，为党员干部干事创业和经济社会健康发展营造良好的政治生态。

但是，在现实中我们也看到，尽管执纪越来越严，查处违规违纪的新闻天天都有，仍有党员干部不把党的纪律规矩当回事。有的热衷于搞小圈子、小团伙，搞非组织活动；有的个人事项申报不实，重大问题不请示不汇报，搞先斩后奏；有的接受组织审查时心存侥幸、隐瞒事实，甚至订立攻守同盟，千方百计对抗组织；有的严重违反党的政治纪律、中央八项规定精神、组织纪律、廉洁纪律、工作纪律、生活纪律……所有这一切，都与党的纪律格格不入，都与绝对忠于党的要求背道而驰。事实上，那些目无法纪的人，自以为手段高明，可以掩人耳目、瞒天过海，其实都是掩耳盗铃、自欺欺人，最后无不落得"机关算尽太聪明，反误了卿卿性命"的下场。党员干部只有规规矩矩做事，老老实实做人，清清白白为官，才能在"四大危险""四大考验"面前保持赤胆忠心，赢得党和人民的信任。

以求真务实的作风落实雷锋精神

雷锋曾写道:"今天我入了党,使我变得更加坚强,思想和眼界变得更加开阔和远大。我是一个共产党员,人民的勤务员,为了全人类的自由、解放、幸福,哪怕高山、大海、巨川,为了党和人民的事业,就是入火海进刀山,我甘心情愿,头断骨粉,身红心赤,永远不变。"对党绝对忠诚不是空洞的表态,必须体现在对党和人民的事业担当上,体现在不畏艰难险阻、脚踏实地的奋斗之中。雷锋从点滴小事做起,终其一生都在践行着自己的铮铮誓言。

"为官避事平生耻。"在实现第二个百年奋斗目标和中华民族伟大复兴的中国梦的历史任务面前,只有拿出闯关夺隘、披荆斩棘的勇气,勇挑重担、啃硬骨头的胆魄,逢山开路、遇水架桥的干劲,才能用行动诠释担当、诠释忠诚、诠释初心、诠释使命。

在"不忘初心、牢记使命"主题教育工作会议上,习近平总书记强调:"干事创业敢担当,重点是教育引导广大党员干部以强烈的政治责任感和历史使命感,保持只争朝夕、奋发有为的奋斗姿态和越是艰险越向前的斗争精神,以'钉钉子'精神抓工作落实……努力创造经得起实践、人民、历史检验的实绩。"我们落实这个要求,无愧于新时代党和人民的重托,就要在进行伟大斗争、建设伟大工程、推进伟大事业、实现伟大梦想的过程中,不断培养和强化敢于担当的政治定力、理论素养、无私情怀、浩然正气、过硬本领，使自己的肩膀真正变成能够挑起千钧重担的铁肩膀、宽肩膀。时代只会眷顾坚定者、奋进者、搏击者，而不会等待犹豫者、懈怠者、畏难者。面对新时代新任务，党员干部必须做起而行之的行动者，不做坐而论道的清谈客，当攻坚克难的奋斗者，不当怕见风雨的泥菩萨；必须面对大是大非敢于亮剑，面对矛盾敢于迎难而上，面对危机敢于挺身而出，面对失误敢于承担责任，面对歪风邪气敢于坚决斗争，把初心使命变成锐意进取、开拓创新的精气神和埋头苦干、真抓实干的自觉行动。疾风知劲草，烈火炼真金。人们不会忘记《雷锋日记》中这样的"金句"："党叫我干什么，我就干什么，决不讲价钱。""我愿做高山岩石之松，不做湖岸河旁之柳。我愿在暴风雨中——艰苦的斗争中锻炼自己，不愿在平平静静的日子里度过自己的一生。"只要我们像雷锋那样，"不忘初心、牢记使命"，勇挑重担，砥砺前行，就一定能在为共产主义理想和中国特色社会主义事业奋斗的伟大实践中，作出自己的贡献！

培养奉献意识，弘扬雷锋精神

人生总有一死,有的轻如鸿毛,有的却重如泰山……我觉得一个革命者活着,就应该把毕生精力和整个生命为人类解放事业——共产主义全部献出。我活着,只有一个目的,就是做一个对人民有用的人。

当祖国和人民处在最危急的关头,我就挺身而出!不怕牺牲。生为人民生,死为人民死。

——摘自 1961 年 10 月 3 日《雷锋日记》

共产党人精神品质的集中体现是无私奉献，这也是雷锋精神的本质属性和特征。作为一名伟大的共产主义战士，雷锋坚持全心全意为人民服务，处处为党和人民的利益着想，为国家和集体的利益不惜牺牲个人的一切，这充分体现了一个真正的党员所应当具有的精神品质，雷锋精神的实质，就是共产党人的奉献精神，二者是根本一致的。新时代应当大力传承和弘扬共产党人的奉献精神，统领雷锋精神的传承和弘扬，以此夯实立党之本、执政之基，进而坚定共产主义的理想信念，保持党和群众的血肉联系。雷锋精神是中华民族优秀文化的传承，也是共产党人家国情怀的真实弘扬。在社会主义新时代弘扬雷锋精神，对于助推实干兴邦的创业途径，对于实现先进文化的时代价值，对于书写家国情怀的情感担当，都有着显而易见的推进和助力。从家庭之爱上升到国家之爱，这是以对国家的"大爱"包容了个人、家庭的"小爱"，是对自己国家的强烈认同和归属，是高度责任感和使命感的具体体现。我们新时代的共产党人要学习雷锋，就是要学习他一生以国为家，以党和人民为亲人，将自己所有的情感和心血都付诸对国家和人民的工作和奉献之中，充分把我们的家国情怀体现出来，为中国梦的早日实现拿出自己的实际行动。

学习雷锋，坚定爱国信念

雷锋是伟大的共产主义战士，也是赤胆忠心的爱国主义楷模。

1961年，我国正处在经济困难时期，雷锋在4月28日的日记中写道："现在，我们国家处于困难的时期。我们是国家的主人，应该处处为国家着想，事事要精打细算……我们要奋发图强，自力更生，克服当前存在的暂时困难……"10月3日，他又在日记中写道："当祖国和人民处在最危急的关头，我就挺身而出！不怕牺牲。生为人民生，死为人民死。"为了国家富强、人民幸福，雷锋一生拼搏奋斗、无私奉献，处处为国分忧、为民解愁，让22岁的生命闪耀着永不熄灭的光辉。1963年，老一辈革命家陈云题词号召："雷锋同志是中国人民的好儿子，大家向他学习。"

爱国，是人世间最深层、最持久的情感，是一个人立德之源、立功之本。平常人们总说，做人要有气节，要有人格。气节也好，人格也好，爱国都是排在第一位的。2019年10月1日，在新中国成立70周年的国庆大典上，盛大的阅兵式气势恢宏，群众联欢热烈喜庆，充分展示了新中国成立70年的辉煌成就，极大地振奋了民族精神。

习近平总书记强调："庆祝活动是人民群众爱国主义精神的集中展示，要抓住契机，加强对人民群众爱国主义的教育和引导。"中共中央、国务院印发的《新时代爱国主义教育实施纲要》，深入阐明了新时代爱国主义教育的指导思想、总体要求、基本内容，并就教育对象和方法、实践载体、氛围营造、组织领导提出明确要求，为加强新时代爱国主义教育提供了有力指导，对于引导全体人民弘扬伟大的爱国主义精神，为实现中华民族伟大复兴的中国梦不懈奋斗，具有非常重要的现实意义和深远的历史意义。在学雷锋活动中，也应遵照《新时代爱国主义教育实施纲要》的要求，把传承雷锋精神与弘扬爱国主义精神结合起来，像雷锋那样赤诚爱国、一心报国，为把中国建设成富强民主文明和谐美丽的社会主义现代化强国贡献力量。爱国主义精神深深植根于中华儿女心中，是中华民族的精神基因，激励着一代又一代中华儿女为祖国发展繁荣而不懈奋斗。中国共产党既是中国工人阶级的先锋队，也是中国人民和中华民族的先锋队。中国共产党是爱国主义精神最坚定的弘扬者和实践者，始终把实现中华民族伟大复兴作为自己的历史使命。

百余年来，我们党团结带领全国各族人民进行革命、建设、改革，进行爱国主义的伟大实践，写下了中华民族爱国主义精神的辉煌篇章。怀着为中国人民谋幸福、为中华民族谋复兴的初心和使命，一代代共产党人始终把国家独立、民族振兴、人民幸福作为神圣使命担在肩上。从革命年代抛头颅、洒热血，到建设时期讲奉献、挑重担，再到改革大潮中勇探索、闯新路，在每个重大历史关头、每段艰难曲折的征程上，都有共产党人奋勇向前、无私无畏的身影。革命时期的井冈山精神、长征精神、延安精神，新中国成立后的大庆精神、红旗渠精神、"两弹一星"精神，改革开放以来的载人航天精神、抗洪精神、抗震救灾精神，无不饱含着爱国主义的深情，彰显着共产党人对国家和民族的赤胆忠心。正如习近平总书记所说："历史深刻表明，爱国主义自古以来就流淌在中华民族血脉之中，去不掉，打不破，灭不了，是中国人民和中华民族维护民族

1962年2月19日，雷锋在沈阳军区首届团代会上发言

独立和民族尊严的强大精神动力，只要高举爱国主义的伟大旗帜，中国人民和中华民族就能在改造中国、改造世界的拼搏中迸发出排山倒海的历史伟力。"

学习雷锋，弘扬新时代爱国主义精神

爱国主义随着时代的发展和社会的进步，在不同的时期有着不同的内容和要求。今天，我们弘扬爱国主义精神，就要坚持爱国和爱党、爱社会主义相统一。习近平总书记指出："祖国的命运和党的命运、社会主义的命运是密不可分的。只有坚持爱国和爱党、爱社会主义相统一，爱国主义才是鲜活的、真实的，这是当代中国爱国主义精神最重要的体现。今天我们讲爱国主义，这个道理要经常讲、反复讲。"

雷锋正是这样去做的，他在日记中写道："我要做一个有利于人民、有利于国家的人……我就是长着一个心眼，我一心向着党，向着社会主义，向着共产主义。"

近代以来，中国面临着两大历史课题：一是推翻帝国主义、官僚资本主义和封建主义的统治，实现民族独立和人民解放；二是彻底改变国家贫穷落后的面貌，实现国家繁荣富强和人民幸福。在两大历史课题面前，无论是洋务运动，还是戊戌变法，抑或是以"三民主义"为旗帜的辛亥革命，都没有获得成功。只有中国共产党，经过近百年的艰辛探索、砥砺前行，带领各族人民坚持从我国国情出发，探索并形成了符合中国实际的新民主主义革命道路、社会主义改造和社会主义建设道路、中国特色社会主义道路，交出了前无古人的优异答卷。

新中国刚成立时，国内外敌对势力断言"共产党政权维持不了三个月"，中国共产党没有能力解决中国人的吃饭问题，因为在中国"一直到现在没有一个政府使这个问题得到解决"。但是，新中国70多年发生的沧桑巨变，彻底粉碎了他们的妄言。放眼今日之中国，从一穷二白、百业凋敝起步，已经成长为世界第二大经济体、第一大工业国、第一大货物贸易国、第一大外汇储备国，成为世界经济增长的第一引擎，实现了世界上最大规模的减贫，拥有了世界上最完备的工业体系。曾经被称为"东亚病夫"的中国人，如今享受着全世界最大的民生保障网，平均寿命从35岁增长到77岁。曾经山河破碎、连螺丝钉都依靠进口的国家，如今公路成网、高铁飞驰、航班穿梭、港口繁忙。三峡大坝、青藏铁路、港珠澳大桥、北京大兴国际机场等超级工程熠熠生辉，"两弹一星"、杂交水稻、深海探测、C919大飞机、天眼望远镜等重大科技成果赢得世界赞叹……中国人民把一个又一个常人看来的"不可能"变成了"可能"，创造了一个又一个令人难以置信的奇迹。

这些伟大成就是如何取得的？奇迹背后隐藏的动因是什么？答案就是：只有共产党才能够救中国，只有社会主义才能够发展中国，只有中国特色社会主义才能够实现中华民族的伟大复兴！道路走得怎么样，最终要用事实来说话。中国特色社会主义这条道路不是简单延续我国历史文化的母版,不是简单套用马克思主义经典作家设想的模板,不是其他国家社会主义实践的再版,也不是国外现代化发展的翻版,而是中国共产党人独创的、完全适合中国国情的正确道路。正是在中国共产党的领导下,走上了中国特色社会主义道路,中华民族才迎来了从站起来、富起来到强起来的伟大飞跃。因此,无论走得多远,我们也不能忘记来时路。在未来的征程上,无论遇到什么艰难险阻、惊涛骇浪,我们都必须坚持中国共产党领导不动摇,坚持中国特色社会主义制度不动摇。只要不断增强"四个意识",坚定"四个自信",做到"两个维护",我们就可以"任凭风浪起,稳坐钓鱼台",完成中华民族伟大复兴的历史伟业。

学习雷锋,在实践中践行爱国主义精神

爱国必须体现在实际行动中,体现在为实现国家富强、民族振兴、人民幸福而努力奋斗的拼搏奉献中。脚踏实地、埋头苦干,是对祖国最好的致敬,对祖国母亲最好的报答。雷锋说:"一滴水只有放进大海里才永远不会干涸,一个人只有当他把自己和集体事业融合在一起的时候才能最有力量。"雷锋一生没有惊天动地的壮举,但他随时随地把对祖国、对人民、对党和社会主义的耿耿忠心,落实到"逢好事就做"的一举一动中,从而成为所有人学习的榜样。

在现实生活中,人们的职业不同、能力不同、岗位不同,但只要心系祖国、各尽其能,为推动国家经济社会向前发展出一把力,

为改善人民生活挥洒汗水，为民族伟大复兴有所作为，就能成为雷锋精神的忠实传承者。

"共和国勋章"获得者、"中国核潜艇之父"黄旭华，为了国防事业隐名埋姓30年，没有回过家，直到事迹见诸媒体，家人才恍然大悟。黄旭华动情地说："自己是中华民族的儿女，此生属于祖国，此生无怨无悔。""把你的志愿和祖国的发展紧密联系起来，把你的命运和祖国的命运紧密联系起来，这就是爱国。""人民楷模"、守岛英雄王继才32年以海岛为家，与孤独相伴，直至生命结束，在平凡的岗位上书写了不平凡的人生华章。另一位"人民楷模"柯尔克孜族牧民布茹玛汗·毛勒朵，她77年生命中的绝大部分时光，是作为护边员在祖国最西端的边境线上度过的，她至今走过了20多万公里的山路，在帕米尔高原亲手刻下10多万块"中国石"。她说："把自己该做的事情做好，对得起自己、对得起国家就是最大的好。"还有，袁隆平直到生命最后一刻依然关心科技攻关；孙家栋坚持一辈子与卫星打交道；福建政和县委书记廖俊波生前"不是在基层，就是在去基层的路上"；"优秀共产党员"黄文秀把青春献给扶贫，直到生命的最后一刻……他们为让中国巍然屹立于世界民族之林，忘我地工作，默默地奉献，是实干的模范，是大写的爱国者。

习近平总书记指出："平凡孕育着伟大。"一切平凡的人都可以获得不平凡的人生，一切平凡的工作都可以创造不平凡的成就。只要我们牢固树立国家意识、增进爱国情感，把爱国情、强国志、报国行自觉融入实现中国梦的奋斗之中，见贤思齐，向先锋模范学习，像雷锋那样从一点一滴做起，就同样能交出问心无愧的答卷，同样能成为祖国母亲称赞的好儿女。

05 雷锋故事
永不磨灭的记忆

《永恒的信仰》

在英雄离开我们60多年后的今天，让我们凝神静思，穿越时空，去回望那个生命定格在22岁，却把精神永远留驻的不朽偶像。

苦难：旧社会艰难求生

1940年12月18日，在湖南省望城县简家塘，一个男孩出生在一个贫苦的农民家庭。因为这一年是农历庚辰年，因此父母给他取了个乳名叫"庚伢子"，男娃的叔祖给他取了个正式的名字——雷正兴。此时，那对饱受盘剥的穷苦夫妇一定不会想到，他们瘦弱的"庚伢子"竟会成长为令世人景仰的英雄人物雷锋。

1940年，是中国近现代史上苦难深重的一年。随着日本军队对中国侵略的进一步加深，中国北方大部分国土已沦入日军之手，雷锋的家乡长沙以及附近地区，俨然已经成为中国抵抗日本侵略者的作战前线。一场特大旱灾也在这一年降临长沙。

在这样一个内忧外患的年代，雷锋的出生并没有给这个早已不堪重负的家庭带来太多欢乐，陪伴雷锋童年的也只有无尽的艰辛与苦难……

后来，雷锋在他的忆苦思甜报告中，多次谈到过这段为后人所熟知的辛酸经历——

我叫雷锋，出生于1940年12月18日，家住在湖南省湘潭专区望城县，家有五口人，爸爸、妈妈、哥哥、弟弟和我。

黑暗的旧社会是一个吃人的社会，穷人只能给富人当牛做马，过着非人的苦日子。我家祖辈三代都是给地主做长工，维持一家半饱的生活，我爸爸给唐地主做长工时，连一家半饱的生活也维持不住。到了荒年腊月，好久还看不到一粒米下锅。我哥哥常常带着我出去要饭，看到富人就央求他们老爷太太给点吃的，要是碰上有钱人家做喜事，就讨点剩饭、剩菜吃，看到桌上的饭菜也用手扫了起来，装在一个要饭的破布兜里，留着下顿吃，要是离家近一点，就送回家去，给小弟弟吃。

我妈妈怕养活不了我那幼小的弟弟，想把他卖给有钱的人家，我爸爸心如刀割，坚决不让。他泪汪汪地说："我们全家死也要死在一起，绝不能把他卖了。"我爸爸被逼得没法，只好把睡的床铺抬出去卖了，在地上砌几块土砖，取下房门板，搭着睡觉。

我们住的一间破草房子，屋顶露着天，后墙倒塌，要是天下雨，外面下大的，屋里就下小的，我妈怕雨淋湿了我的脑袋，拿着一个

雷锋故居

破脸盆罩在我的头上，又怕冻着我，拿破烂麻袋系在我的背上。冬天冻得没法，只好拿几捆稻草，堵住风雪，冷得实在不行了，全家人紧紧地挤在一起，又拿上几捆稻草盖上。终年辛勤劳动，全家五口有米不够半年吃。

抗日战争时期，日本鬼子侵略我国，残酷地屠杀人民；地主、资本家血腥地统治、压迫和剥削人民，劳苦人民无法生活。我爸爸参加过共产党领导的抗日斗争，1944年被日本鬼子抓住，惨遭毒打，吐血屙血而死。全家无法生活，我12岁的哥哥到离家几百里的津市一个机械厂当徒工，经过资本家一年左右的折磨，得了童子痨（肺病）。一天，昏倒在机器旁，轧伤了胳膊，轧断了手指，资本家看他再无油水可榨，便把他赶出了工厂。回家后伤势稍好，又到荣湾市学皮匠，学印染。由于劳累过度，病情恶化，死于1946年春。

我和妈妈、弟弟三人，只好上街讨吃，我那幼小的弟弟受不住那种生活的折磨，活活饿死在母亲怀里。可恨的唐地主，逼迫我妈到他家做女工，我也跟着去了，我妈给他家喂奶带小孩子，给小孩洗屎洗尿，给少奶奶倒马桶。我给他家扫地，抹桌凳。后来，妈妈被唐地主凌辱，我妈被逼得上天无路，入地无门，在1947年8月中旬的一天晚上自杀。那天晚上，她泪汪汪地对我说："苦命的孩子，妈妈不能和你在一起了，靠天保佑，你要自长成人。"她脱下自己的一件衣服披在我的身上，叫我到六叔祖母家去睡，我走后，她就上吊了，和我永别了！

本该在父母怀里撒娇的孩子，不到7岁就成了一个孤儿。这种悲惨的经历怎能不让人动容？在后来的日子里，每每雷锋在做忆苦思甜报告讲到此处时，报告会的现场总会响起一片啜泣声。

这个不幸的孤儿得到了同样并不宽裕的乡亲们的怜爱。谁能忍心看着这么一个可怜的小人儿饿死、冻死呢！于是，东家有饭给一口，西家有衣给一件……雷锋在大家的关爱中艰难度日。穷人的孩子早当家，小雷锋过早地褪去了同龄孩子的稚嫩，显现出了和他年龄不相符的成熟，懂事的他也会尽自己所能地寻找活路。

望城县安庆乡的乡长彭德茂曾经回忆过小雷锋那悲苦的童年生活——雷锋常常上山砍柴、放牛，可是，当地的柴山全都被地主霸占了，不许穷人去砍柴。有一天，雷锋到蛇形山砍柴，被徐家地主婆看见了，这个地主婆指着雷锋破口大骂，要雷锋把柴运到她家，并抢走了柴刀。雷锋哭喊着要夺回柴刀，可那个地主婆竟举起柴刀恶狠狠地在雷锋的左手背上连砍三刀……

乡亲们虽然很心疼雷锋，可是连年的战火使本来就在生死线上苦苦挣扎的老百姓的生活日益艰难，看着雷锋的可怜处境，他们真是心有余而力不足了。于是，有人介绍雷锋去地主家做工。本来想着去地主家做工能养活自己，可是从踏进地主家大门那一刻起，雷锋就开始了噩梦般的生活。

一个农民介绍我到地主家看猪，每天看十头猪，要给猪洗澡，晚上没有地方睡，有时还要同猪睡。有一天扫猪栏扫得不干净，地主卡着我的脖子打。过年,地主吃鱼吃肉,把肉喂狗,我也想吃点,我捡了喂狗的肉吃,被狗腿子揪着耳朵,揪出了血,我哭了,地主把我往外面拖,不给我饭吃。我的一个同伴很同情我,但也没有办法,就装了点猪食给我吃。有一天是八月十五,天已经黑了,地主要我到六里外去打酒。到酒店,店主已经睡觉了,喊门叫不开,我就哭起来,他们才开门。我一天没吃饭,在回来的路上走不动了,跌了跤,把酒也洒了些。回来时地主还坐在床上等酒吃呢,一进门就说我回来晚了,打了我几个耳光。又说酒不够,问哪里去了,我说洒了点,他怪我把钱买糖吃了,一拳就打在我的鼻子上,出血了,一脚又把我踢在地上。当晚不给我饭吃,我没有办法,就到屋后挖了两个地瓜吃,又被地主婆打了一顿耳光。

1947年,我在地主家看猪。一天,我用小罐子煮了点野菜,煮好了正准备吃,被地主家的一只猫刮倒了,狗又跑来吃了我的菜。我就打了狗,狗也咬了我,被地主婆看到了,她说打狗欺主,要打死我,还骂道:"这样的穷鬼打死十个少五双,死一个少一个!"多亏毛奶奶说情,才没有打死我。第二天,地主把我赶出来,我没有办法,在破庙里住了几天,只得吃野果山枣。

解放后,我看了电影《白毛女》以后,心里非常痛,在吃人的旧社会里像我这样的人很多,都被搞得妻离子散、家破人亡。我一定革命到底,不消灭反动派决不甘心。

这段痛苦的生活、梦魇般的记忆深深地铭刻在雷锋的脑海里,挥之不去！这也是雷锋对党、对新中国感情至深的原因。从地主家被赶出来后，为了生存，懂事的雷锋就开始了流浪乞讨的日子。1948年开春，在望城县周围的十里八村，就又多了一个穿得破烂不堪的流浪儿。

有一次，可怜的雷锋东一家西一家地乞讨了一整天，也没讨到什么吃的东西。饥饿难忍的雷锋两腿打战，虚汗直淌。他壮起胆子向一扇朱红大门走去，还没等他敲门，一条恶狗就窜了过来，对着雷锋狂吠不止，吓得他一边用木棍打一边跑。这时，地主婆从屋里走出来，看见雷锋用木棍打她的狗，便破口大骂："你这小叫花子，好大的胆……"说着便唆使狗咬雷锋，雷锋哪里躲得过，恶狗猛扑过来，雷锋的大腿被狗一口咬住，顿时鲜血直流。雷锋疼痛难忍，大哭起来……

也不知在外流浪了多久，一天，雷锋终于回"家"了。他老远就喊："叔祖母！"叔祖母赶紧从屋里跑出来："是庚伢子回来了吧？"叔祖母仔细一看，见雷锋瘦得不成人样，身上又脏又臭，不禁一阵心酸，她一把搂住雷锋的头，泣不成声地说："伢子，你再莫去讨饭了，我们喝粥多放一碗水，有叔祖母在，就不会把你饿死的。"听了叔祖母的话，年仅8岁的雷锋在外遭受的苦难和委屈一下涌上心头，他扑在叔祖母的怀里失声痛哭起来。

由于童年经常挨饿，雷锋小小年纪就得了胃病，营养不良，身高、体重都不及同龄人。

新生：红旗下快乐成长

"小兄弟们呀，小姐妹们呀……拿起刀枪参加红军……""红星闪闪放光彩，红星灿灿暖胸怀，跟着毛主席跟着党，闪闪的红星传万代……"这两首亿万中国人耳熟能详的歌曲，分别是电影《红孩子》和《闪闪的红星》的主题歌。我们也不会忘记电影中塑造的、在几代人心中留下深刻印象的苏保、潘冬子等"苏区小红军"的经典形象。1949年8月，雷锋的家乡获得了解放。雷锋也和他们一样，开始了跟党走，在红旗下成长的日子。

雷锋生命中的春天到来了，旧社会带给他的苦难像春日下的残雪消失殆尽，雷锋感觉浑身有使不完的劲儿。雷锋参加了儿童团，还当上了儿童团团长。那个曾经衣不蔽体、食不果腹的"小乞丐"，每天都扛着红缨枪，在村子里站岗放哨，斗争地主。雷锋和苏保、潘冬子所处的历史时代虽然不一样，但他们的信念是共同的，那就是他们都不惜用自己的全部力量，甚至生命保卫这来之不易的无产阶级红色政权！

新中国成立后，雷锋的生活发生了翻天覆地的变化。两种不同社会制度下天壤之别的生活，使雷锋深深地感恩共产党和新中国。同时，他幼小的心灵也种下了对一切与新中国对立的反动阶级和万恶旧社会的刻骨铭心的仇恨。他常说："我母亲死时我还只有7岁，旧社会使我无法活下去。在那吃人的社会里，三大敌人压得我简直没法活命，那些仇恨我一定不能忘记，我要报仇。"这段旧社会的痛苦经历，让雷锋后来一直都表现出对中国共产党和伟大领袖毛泽东的无比热爱，对共产主义信仰的执着坚守。

新中国成立伊始，雷锋尚不满10岁，其人生观、世界观仍属一片空白。从识字起，他就开始接受共产主义教育，成为"生在旧社会，长在红旗下"的典型人物。

1950年夏，安庆乡政府决定送雷锋去读小学，这是一个免费的受教育机会。雷锋就读的第一所学校是回龙塘小学，入学的那天，乡长彭德茂亲自把这个被旧社会变成孤儿的孩子送进了中国共产党办的学校。

雷锋的家在简家塘，离学校足有10里。雷锋每天起早摸黑，来回要步行20多里路，放学回到家里，烧饭、洗衣等家务都要自己动手。虽然生活依然艰苦，但雷锋的心里总是暖洋洋的，脸上常挂着幸福的笑容。新中国成立伊始，小学很少，条件也差，有的学校只开办小学一二年级，有的只开办三四年级，为了读完小学六年级，雷锋一共换了5次学校。1954年，雷锋考上了清水塘完小五年级。那时的望城，方圆几十里只有一所完全小学，像雷锋这种考上高小的人，就相当于乡里的"知识分子"了。

新中国的成立，让雷锋过上了阳光灿烂的日子。幸福虽然来得晚了些，但却那么激动人心。本来雷锋就是个活泼快乐的人，在那个人人激情迸发的时代，他更是以百倍、千倍的热情去爱这个给予了他新生的新社会。

同学们给雷锋起了一个外号"浮头鱼"，主要是因为他的开朗、活泼。学校里组织的跳舞、学习普通话、演讲比赛、打球、上台献花、政治学习等各种活动中都能见到他的身影。可以说，只要学校有活动，就永远少不了勤奋上进的"庚伢子"。因此，同学们就形象地称他为"浮头鱼"。

上小学时，爱动脑筋的雷锋还喜欢动手制作一些东西，期望能在集体活动中贡献自己的力量。他学过如何在木头上刻章等。不过，最值得一提的，还是他积极主动要求参加学校组织的研制矿石收音机攻关小组。研制收音机需要经费，雷锋知道后，就到处借钱，后来成为小组中捐款最多的学生。在没有图纸资料和零配件的情况下，他又和小伙伴步行60多里路，赶到长沙参观学习。在攻关遇

戴红领巾的雷锋

到困难的时候,他又积极出谋划策,鼓励大家想办法克服……最终,功夫不负有心人,攻关小组的作品——矿石收音机——一个可以直接听到毛主席声音的"伟大"成果,作为向七一党的生日献礼的礼物,被雷锋捧上了大礼堂的舞台。

1953年8月,"中国少年儿童队"正式更名为"中国少年先锋队"。1954年6月1日,《中国少年先锋队队章》正式公布。雷锋就是在这一年光荣地加入了中国少年先锋队组织,成为新中国的第一代少年先锋队队员。脖子上戴着红艳艳的红领巾,令雷锋非常兴奋,这让他在其他同学中显得非常特别。因为,不要说在偏僻的农村,就是在当时的大城市里,也还有很多儿童并不了解红领巾的意义与象征。

1955年上学期,雷锋转到离家较近的荷叶坝完小(今雷锋学校)。当时这所小学还没有建立少先队组织,他想自己是这所学校唯一的少先队员,各方面应该做得更好,真正起到一个少先队员的模范作用。于是,雷锋每天都比别的同学早到校,提着水桶到塘边打水,把黑板、桌凳擦得干干净净,然后又给校园的花坛浇水、拔草。同学们称赞说:"真不愧是个戴红领巾的学生!"不久,荷叶坝完小也建立了少先队组织。雷锋被选为大队委员,担任旗手。

六一儿童节到了,学校少先队组织外出过队日,雷锋高举队旗走在队伍前面,不巧途中下雨,他唯恐队旗被淋湿,急忙脱下衣服包住队旗。他们步行几十里,来到毛泽东早期革命活动纪念地——长沙岳麓山上的爱晚亭,接着又到了湖南烈士公园。在这里,雷锋情不自禁地朗诵起他心爱的诗句：

我们新中国的儿童，我们新少年的先锋，团结起来，继承着我们的父兄，不怕艰难，不怕担子重，为了新中国的建设而奋斗，学习伟大的领袖毛泽东！

然而，小学时期的雷锋也并不是十全十美的，比如他的学习成绩并非名列前茅。但是，凡是教过雷锋的老师都回忆说，"雷锋学习很用功"。也许，著名的"钉子"精神就源于雷锋从小拥有的这股韧劲吧。

在小学毕业典礼上，雷锋作为优秀学生代表上台发言，他说："我小学毕业了，将来，我要响应党的号召当一名新式农民，驾驶拖拉机耕耘祖国大地；将来，如果祖国需要，我就去做个好工人建设祖国；将来，如果祖国需要，我就去参军做个好战士，拿起枪用生命和鲜血保卫祖国，做人类英雄。同学们，让我们在不同的岗位上竞赛吧！"可能，雷锋自己也不会想到，他之后的人生之路竟真的印证了这段充满激情的毕业发言。

怒放：激情燃烧的日子

1956年，看似平静的中国农村，其实已经悄悄地发生了前所未有的变化：中国农村正处在社会主义改造的大变革时期，到这一年年底，农业、手工业的社会主义改造已经基本实现。当时，国家的政策是"以农业为本"。农业合作社成立之后，国家号召具有高等小学文化程度的学生直接下到农村去，支援社会主义新农村建设。恰逢此时，雷锋的家乡也是春潮涌动。雷锋所在的安庆乡政府发出了迫切希望一批高小毕业生回乡参加农业生产的号召。据乡长彭德茂回忆，"当时乡里的五个生产队，只有一个人能读报纸，但还是个富农的儿子，找一个记工员和队会计都十分困难"。在那个特殊的年代里，在人们的意识中，只有贫农出身而又稍懂文化的人，才能算上真正的人才。

初入社会的雷锋即响应党和国家回乡务农的号召，成为当时千千万万回到农村的年轻人中的一个。当时，农村各方面的条件都无法和城市相提并论，所以雷锋主动要求"回乡当农民"的行为，在当地还是备受瞩目，甚至引起了小小的轰动。加上他对工作一腔热情，积极主动的做事风格，使得他始终在同龄人中显得非常突出。从此，在望城这个并不起眼的小县城，雷锋一直都是人们眼中思想积极、领先潮流的代名词。

1956年7月至9月，雷锋在生产队当了近3个月的秋征助理员，负责征收公粮工作。雷锋怀着对工作极大的热情，凭着一股子韧劲儿，很快就在人群中脱颖而出。不久，他就被当初送他去小学读书的彭德茂乡长"慧眼识珠"，调到乡政府做了一名全天候的通讯员。通讯员的工作就是送信、传话、接待客人、泡茶、打扫卫生……即便是当地农民找乡长，也都需要通过雷锋传达。

雷锋机灵可爱，做事又认真踏实，这让他获得了改变自身命运的机会。当他在安庆乡政府工作了两个月后，一个偶然的机会使雷锋的命运发生了重大的转变。

这年9月，一位女同志来到了安庆乡政府办公室。这个女同志可不是一个普通的农家妇女，而是县委组织部干事黄菊芳。由于县委机关的一名通讯员参军去了，急需增补一人来顶替他的工作，所以县委派她到各个乡去物色人选。黄菊芳跑了好几个地方，也见了好多人，但一直都没有心仪的人选。

这一天，黄菊芳来到雷锋工作的安庆乡政府。恰巧彭德茂乡长不在，通讯员雷锋义不容辞地承担了接待她的任务。雷锋热情、礼貌地请她坐下，又给她倒了杯水，然后就忙着和几个青年登记秋征花名册。笑容可掬、机灵健谈的雷锋引起了黄菊芳的注意。于是，黄菊芳主动和他攀谈起来。她发现眼前这个小伙子热情、健谈、机灵、礼貌……真的是一个不错的人选，不觉间，多日奔波带来的疲惫感一扫而光。

雷锋的机智幽默使他们的谈话非常愉悦，但在讲到家庭情况时，雷锋的笑容消失了，他默不作声，看上去非常伤心。良久，雷锋告诉黄菊芳，他是一个孤儿，是共产党、毛主席给了他一切。"旧社会的苦是我们的阶级苦，我要时时记住这血海深仇。"雷锋告诉黄菊芳，为了牢记这血海深仇，不忘共产党、毛主席的恩情，他把自己的苦难家史写成了一本小册子。黄菊芳很感兴趣，要雷锋拿给她看。

那是一本用红纸折成的共 8 页的夹页子，长约 6 寸，宽约 3 寸，封面上用毛笔中楷写着"苦难的家史，我的理想"。"苦难的家史"部分写的是旧社会怎样夺去了他家 4 条人命，把他变成一个孤儿，以及他所遭受的无尽的苦难；"我的理想"部分则写他在新中国成立后得到毛主席、共产党的关怀，过上了好日子，免费上了学。在这个部分，雷锋还立志要向黄继光、董存瑞、刘胡兰、赵一曼学习，愿意到最艰苦的地方去锻炼、工作，以报答毛主席和共产党的恩情。

这本小册子深深地打动了黄菊芳。黄菊芳当即觉得雷锋就是她要找的人。他不仅在工作中机灵、认真，而且是那么真诚地热爱着我们这个年轻的新中国。第二天一大早，黄菊芳把雷锋找来，问他是否愿意到县里工作，雷锋当即表达了自己愿意去县里参加革命工作，并请求黄菊芳为他做推荐。

回到县委后，黄菊芳就向县委书记张兴玉详细汇报了雷锋的情况。她太喜欢这个小伙子了，以至于在没有得到县委书记的明确回答时，她仍然执着地推荐雷锋。她觉得如果雷锋不合适做通讯员的话，还可以介绍他到县印刷厂去当工人。黄菊芳认为，雷锋无论是做通讯员，还是做工人，都会很出色。

县委书记张兴玉决定试用这个被黄菊芳极力举荐的小伙子。1956年11月17日，雷锋身着蓝衣青裤，穿了一双力士鞋，挑着一个小木箱和一床破旧被子，来到望城县委机关报到。

热情、勤快、好奇心强——这是雷锋留给望城县委机关工作人员的印象。当时，望城县委机关坐落在高塘岭一片荒山上，周围没有高楼，没有公路，更没有像样的工厂，树木也没长起来。当时，县委机关只有三十几个人，来了一个新同事，大家很快就都知道了。况且，雷锋生性活泼开朗，没过几天就和大家熟络起来。

据当时的宣传部干事李仲凡回忆："雷锋的个子不高，一脸孩子气，很引人注目。他由乡下来到县城，而且进了县委机关，第一次遇到这么大的场面，陌生、新鲜，也很好奇，他到每个房子的门口都望望，把电话机、油印机、自行车等很少见到的东西仔细地看了个够,不时跟大家问问……很快就跟大家都搞熟了。"

在望城县委做通讯员的那段日子里,雷锋依然是个闲不住的人。他总是忙个没完,在他眼里到处都是活儿。当人们让他少干点活儿,注意休息的时候,雷锋总是乐呵呵地说:"干这些小事累不着,现在干的这些活儿比起在地主家干的,已经少很多了。"

雷锋心里有个信念:"现在我是为自己干事,就应该多干点儿。"虽然都是做杂活,但为地主家做和为公家做,在雷锋的眼里是截然不同的。雷锋不满7岁就成了孤儿,是毛主席、共产党、伟大的新中国给了他眼前的这一切,使一个四处流浪乞讨的小乞丐变成一个有尊严的共和国主人翁。他能不把单位当成家吗?

一开始,县委办公室只分配他负责县委书记张兴玉的办公室、会议室的卫生和打开水。可是,勤快的雷锋不但把其他办公室和会议室的卫生和打开水全包了,而且还坚持天天打扫办公楼楼上、楼下走廊的卫生。再到后来雷锋的工作内容增加了,除了做卫生,还负责机关门卫工作,床铺就在招待所的传达室内。雷锋见到同事总是笑脸相迎,对谁都非常热情,机关里的人都很喜欢他。据同事钟光仁回忆,雷锋笑起来还有两个小酒窝,"挺逗人喜爱的"。

县委的领导班子晚上开会,有时会开到深夜,雷锋就坐在隔壁房间看书,陪到深夜。散了会,他负责把会议室收拾干净,把门窗关好,才肯去休息。

在县委机关,雷锋做得最多的其实还是交通员的工作,就是送信、传达文件。20世纪50年代中期的望城县,除了长沙至宁乡有石沙子公路，再也没有什么像样的路了，贯通区、乡之间的唯有羊肠小道，交通工具也只有县委机关的两辆自行车。那时县、区、乡间的上传下达，主要靠县委交通班的人步行传递，可见工作之辛苦。但雷锋从来不叫苦，而且人们总能看到他一张喜气洋洋的笑脸。

在生机勃勃的新中国，沐浴在党的阳光下的雷锋，工作热情如火山般地爆发出来。县委机关这样一个工作空间，让他看到了更广阔的前景。这一时期的雷锋不仅在具体的行政工作上做得越来越得心应手，而且他的思想也有了变化，雷锋开始在政治上有所追求。这应该是雷锋在政治上走向成熟的开始。

当时，望城县委机关正好开办干部业余文化补习学校，高小毕业的雷锋就插入初中班学习。他白天工作，晚上读书。雷锋非常喜欢魏巍写的《谁是最可爱的人》。这是一篇歌颂抗美援朝志愿军战士的文章，雷锋甚至能够背出全文，他还和同学们一起讨论排比、设问等修辞手法在文章中的运用。雷锋非常珍惜来之不易的学习机会，对待学习的态度真的可以用"如饥似渴"来形容。有时，因工作需要随领导下乡，雷锋就坚持出差前"领课"，回来马上"补课"。就是凭着这样一股韧劲和钻劲，雷锋最终完成了学业，获得了初中毕业证书。这个学历也是他的最终学历。

好学的雷锋非常喜欢读书，他喜欢读英雄故事、文学名著，尤其喜欢读政治理论方面的书籍。当时雷锋看的书有《怎样做一个共青团员》《毛泽东选集》《唯物主义和经验批判主义》，还有《刘胡兰》《董存瑞》《黄继光》《钢铁是怎样炼成的》《青年近卫军》

《把一切献给党》，等等。值得一提的是，在20世纪50年代中期，《毛泽东选集》发行还不多，不像今天这么普及，一个县只有一两套。

机灵能干的雷锋来到县委机关工作还不到3个月，就凭借自己的好学上进、踏实肯干，获得了组织的认可。1957年2月8日，17岁的雷锋光荣地加入了中国新民主主义青年团。此时的雷锋最向往的，一定是早日成为一名中国共产党党员。从后来整理的关于雷锋的材料可以看到，团员雷锋几乎向县委机关的每一名党员都咨询过应该怎样向党组织靠拢、怎样成为一名党员。

有了政治上的进一步追求，雷锋工作得更加积极，对自己的要求也更严格了。

1957年开始，从治理黄河的三门峡工程到北京的密云水库，中华大地上开始了大规模的水利工程建设。1957年10月25日，望城县也做出了治理沩水的决定。沩水河是湘江的一条支流，贯穿望城县全境，河道曲折，堤长险多，水患频发，当地俗语称"沩水河有鬼，落雨就涨水"。为了治理沩水，望城县成立了专门的指挥部，集中干部民工近两万人同时上堤完成这项浩大的工程。

县委考虑到雷锋年纪太小，身体也弱，还是留在机关比较合适，但倔强的雷锋一连几次递交申请书，诚恳地要求上堤参加治水。在他的强烈要求下，指挥部安排他去做赵阳城总指挥的通讯员。虽然雷锋在县委机关做过通讯员，在沩水堤上做通讯员却要面临更多的困难。在那里传递文件没有自行车，只能靠走路。绕来绕去，大半天时间得走七八十里路，异常辛苦。湖南的冬季阴冷，遇上雨天，道路泥泞容易摔跤，衣服更是经常湿透。面对如此艰苦的工作环境，雷锋从不叫苦，总是按时完成任务。他不仅出色地完成了自己的本职工作，到了晚上，还常常主动要求留在指挥部守夜。不仅如此，雷锋还利用在堤上穿行送信的时间，主动检查工程质量，及时将一些影响大堤安全的隐患报告给工程指挥部。因此，这个长着一张娃娃脸的"小个子"赢得了"编外质检员"的美称，并受到指挥部的表扬。

雷锋的通讯员经历，对他日后的发展产生了重要影响。在县委机关大院内，既能接近领导又能接触老百姓，这让雷锋比一般的同龄人要见多识广，与此同时也让他拥有了更多学习和锻炼的机会。譬如，在《毛泽东选集》尚不多见的年代，他就有机会接触并研读《毛泽东选集》，这是一般年轻人想都不敢想的事情；再比如他还在县委书记的介绍下，与见过毛主席的劳动模范冯健建立了深厚的革命友谊；他甚至在18岁时成为当地第一个拖拉机手，这是一个让当时所有年轻人都无比羡慕的工作；还有在县委机关，雷锋一直做的都是打扫卫生、收发文件等琐碎的工作，这也让聪明的雷锋慢慢悟出了"螺丝钉"的道理——要从小事做起，并认真地做好每一件小事情。

在望城县治汭工程结束后的第二年，也就是1958年的春天，望城县委决定在围垦起来的团山湖开办一个国营农场，让荒芜沉睡的湖地变成鱼米粮仓。团山湖是洞庭湖的尾湖，这里碧波万顷，纵横六七里，湖草丛生，据说有深达5尺的积肥。建团山湖农场的决定立刻得到上级的支持，而且还分配给农场一个拖拉机指标，并批准在这里成立拖拉机站。那时，工业刚刚起步的新中国还不能自己制造拖拉机，拖拉机主要依靠进口。在这样的背景下，这个购买拖拉机的指标就显得非常珍贵，也让大家异常兴奋。但是，兴奋归兴奋，购买的资金从哪里来呢？在那个百废待兴的年代，社会主义建设刚刚起步，建设资金的短缺是各行各业面临的共同难题。因此，即使有了这个珍贵的购买指标，上级也不会拨给购买拖拉机所需要的资金。为了这个宝贵的指标，县委决定号召在职机关干部和共青团员捐款，支援刚刚起步的团山湖农场建设。

为了响应县委的号召，雷锋把自己积蓄一年多的 20 元钱捐了出来，他本来想用这笔钱给自己买一床新被子的。热诚而单纯的雷锋在捐款的时候，绝对不会想到这会成为一次改变自己命运的捐款。望城县委经过集体研究，鉴于雷锋对购买拖拉机所作的贡献以及他一贯的优良表现，决定选派他去团山湖国营农场学习驾驶拖拉机。

1958 年 2 月 26 日，雷锋成为团山湖国营农场最早的一批职工之一，他来这里的主要任务就是学习开拖拉机。快满 18 岁的他成为全县第一位拖拉机手。在 20 世纪 50 年代的中国，拖拉机是农业机械化的象征，而拖拉机手则是让太多血气方刚的年轻人朝思暮想的工种，甚至可以称为一个"神圣"的职业。在风景秀丽的团山湖畔，洋溢着青春活力的雷锋在农场快乐地工作着，挥洒着青春的汗水。

几个月后，雷锋又从团山湖农场转到新成立的五星人民公社。

本来准备投身于如火如荼的人民公社化运动的雷锋,此时又做了一个改变自己人生道路的决定:选择报名参加鞍山钢铁厂的招工,支持国家工业建设。而且,为了表达自己的建设热情,他还专门改了一个新名字。从此,叔祖为他取的名字——雷正兴,就被"雷锋"这个后来响彻中华大地并超越时空的名字正式取代了。

团山湖农场,也在雷锋离开家乡去鞍钢的1个多月后,因为要组建人民公社而被撤销了。如今,我们只能从少数几篇留存的雷锋文章中去想象这个农场当时的情景了,想象他在那里曾经绽放的青春……

1958年11月12日,一群未来的钢铁工人从南国家乡启程了,千里迢迢前往新单位"鞍钢"报到。

可以想象,对于所有加入这次旅程的年轻人来说,那都是一次意气风发的旅行,因为在当时,他们的目的地——鞍山,是全中国工业最发达的地方,而他们即将走上的岗位——钢铁工人,正是那时新中国年轻人最向往、最崇拜,最时髦的职业。

雷锋和他的老乡们一共有60多人。他们被编成3个小组,来自县委机关的雷锋被指定为第三组组长,张建文、望城中学毕业生杨必华、易秀珍和农村姑娘张月棋等人都是雷锋这个组的成员。雷锋的工作是分发自己小组成员的车票、旅途生活费和清点人数。

去鞍钢需要在北京转车,这是雷锋生平第一次来到北京。在这宝贵的几个小时的逗留时间里,他选择了去天安门广场,这几乎是当时所有中国人一辈子都渴望去的地方。

张建文是和雷锋一起去天安门广场的同伴之一。据他后来回忆："雷锋在走到金水桥前时，问我，毛主席住在天安门城楼上吗？……雷锋在金水桥上坐了很长时间都不动，这引起了执勤战士的注意，他严肃地走到雷锋跟前，告诉他金水桥上不准久待，请他离开。雷锋问这个战士：'你见过毛主席吗？'那个战士回答：'我在这儿执勤快一年了，也没有见过毛主席。'雷锋继续问他：'毛主席是不是住在天安门城楼上？'战士说：'毛主席住在中南海，天天日理万机。要见毛主席，得要做出大成绩，是英雄、模范。'"

执勤战士的这番话一定深深地触动了雷锋。他立下一个坚定的信念：要努力成为一个英雄，成为一个模范，要见到救星毛主席。要争取再来北京，一定要在天安门城楼上和毛主席照张相。雷锋牺牲后，人们从他公开的日记中发现，北京天安门和毛主席从那时起无数次进入了他的梦境。

雷锋和其他一起来天安门的同伴一样，照了两张照片作为这次旅行的纪念，然后依依不舍地离开了天安门广场。事实上，如果雷锋不是意外去世，他很有可能亲眼见到毛主席。1962年6月上旬，雷锋所在的沈阳军区政治部已经批准雷锋作为沈阳军区代表参加10月1日的国庆观礼。遗憾的是，雷锋在8月15日因公殉职。

从北京出发，再一次乘上火车的雷锋，心情更加兴奋，情绪也更加高昂，仿佛不是火车载着他前行，而是他那颗迫切的心拖着火车在北方的大地上飞奔。是啊，他多么希望马上就投入到火

1958年11月14日,雷锋在天安门城楼前

热的钢铁工人的生活中去啊!

经过长途跋涉,雷锋一行人终于来到了祖国工业建设的第一线。一份雷锋本人填写的工人登记表显示,雷锋的入厂时间为1958年11月15日。那个时候的东北,就像是"共和国的长子",为全国各地的建设输送了大批粮食、原材料、机械设备和技术人才。新中国的第一辆汽车、第一架战斗机、第一台机床都是东北生产的。当时,东北的工业规模之大、范围之广、体系之完备、门类之齐全、发展水平之高,都是其他地区无法比拟的,当地比较有代表性的产业有钢铁、煤炭、造船、木材、机械、军工等。

雷锋所在的鞍钢是新中国产业工人集中的地方,那不是农村手工业,而是城市大工业。从农村进入工厂,这种环境的改变对雷锋的成长起到了很大的作用。

因为在团山湖农场开拖拉机的经历,雷锋被分配到了鞍钢化工总厂洗煤车间当推土机手。当时,洗煤车间有两种型号的推土机,一种是较小的德特54推土机,一种是斯大林80重型推土机(即C-80号推土机),这两款机器都是当时比较先进的。因为雷锋个子比较矮,所以领导准备照顾他,让他开较小的德特54推土机,但雷锋坚决不要领导照顾,非要开大车,说这样能多干活。最后,领导实在拗不过这个倔强的湖南"小个子",只好同意他去驾驶斯大林80重型推土机。

因为个子太矮,在斯大林80重型推土机的驾驶室里,他坐着时看不见推土铲子,站着又太高,所以雷锋每天只能猫着腰站着开推土机。大家都知道"半站半坐"是一个非常疲劳的姿势，但是，"一定要在工作中做出成绩"的坚定信念支撑着雷锋，他坚持了下来。

根据鞍钢的老工人回忆，刚上班的时候，师傅李长义并不看好雷锋，因为他的个子太小了，在李师傅的眼里，简直就是一个孩子。让一个孩子来驾驶这么一个"大家伙"，简直是胡闹嘛。然而，后来的一次谈话，让李长义师傅发现这个"小人儿"人虽小，但他的脑瓜儿里的东西实在不能被忽视。尤其是他听了雷锋那苦难的童年家史，更加理解了雷锋在工作中表现出的高昂的热情，也就更由衷地佩服他志向的高远。从此，李长义师傅对雷锋刮目相看。争强好胜的雷锋和师傅私下签订了为期一年的"师徒包教包学合同"，他每天上班都早来晚走，勤勤恳恳，虚心求教。一个多月下来，雷锋竟然可以单独驾车作业了。

推土机手冬天作业，最难的莫过于检修、清洗发动机。雷锋学会了检修之后，就不再让师傅动手了。他每次都争抢着钻到车盘底下，仰着身子打开检示器，再仔细清洗发动机，干完了从车盘底下爬出来，即使是在东北寒冷的冬季，作业服也常常会被汗水浸透。

从 1958 年 11 月入厂一直到 1959 年 8 月，雷锋在洗煤车间一共工作了 9 个月零 5 天。当时车间规定：推土机作业班每周评 1 次生产标兵，每月评 4 次，连续评上 3 个月的就是季度先进生产者。雷锋在推土机班只干了 3 个季度，3 次都被评为先进生产者，也就是说雷锋几乎每周都被评为生产标兵。在这期间，雷锋还 5 次被评为车间红旗手以及职工夜校优秀兼职语文教员，并出席了鞍钢青年社会主义建设积极分子大会。

这个不服输的湖南小伙子正是凭着那种"钉子"精神，向着他心中的目标——做一个英雄，做一个模范，踏踏实实地迈出了第一步。

1959年夏天，鞍钢化工总厂决定在弓长岭矿山附近新建一座焦化厂，动员一些人到那里参加基本建设。弓长岭在一个大山沟里，条件极差，甚至连宿舍都没有。施工人员只好暂时住在几间破旧的土屋里，食堂也是临时用苇席搭建的，用水更要到两三里路之外去挑。深受《钢铁是怎样炼成的》的主人公保尔·柯察金影响的雷锋，在动员会上主动要求到最艰苦的地方去磨炼自己。弓长岭焦化厂总厂决定让雷锋到弓长岭新建筑工地去，因为那里不仅需要推土机手，更需要像他这样朝气蓬勃的青年骨干。

所有的中国人都不会忘记新中国建设史上那段永恒的影像——铁人王进喜甩掉拐杖，率先跳入冰冷、黏稠的泥浆池，和他的战友们一起，用血肉之躯充当搅拌机，制服了井喷。

王进喜跳入泥浆池发生在1960年，实际上雷锋也曾有过和铁人一样的感人行为。据考证，这件事情发生在1959年。同样，那也是一个滴水成冰的寒冷日子。因为天气太过寒冷，建设用的水泥一时搅拌不匀。见此情形，雷锋第一个光着脚跳下去，用身体进行搅拌，其他人受到感染也跟着跳进冰冷的水泥浆里搅拌起来。在飞溅的泥浆中，人们深深地感受到这个年轻人心中饱含着的热忱，以及不高的身躯里蕴藏着的巨大能量。

只要是工作，雷锋浑身就有使不完的劲儿，无论是否是他分内的活儿，他都永远表现出高度的认真负责的态度。

1959年11月的一天，弓长岭焦化厂专列拉进几车皮建焦炉急需的高标号水泥。这天夜里10点多钟，天气突变，风雨将至，焦化厂调度员陈兴禄看着还没有抢运走的水泥急得直打转。正在宿舍看书的雷锋，见到陈兴禄焦急的样子就主动问他发生了什么事，陈兴禄就把水泥的事情告诉了他。此时天空阴云密布，豆大的雨点毫不留情地砸向了地面。紧急关头，雷锋马上抱着自己的被子、脱下衣服去盖水泥，并迅速动员全宿舍的职工抢救水泥……在雷锋的带领下，7200多袋水泥全部得救了，避免了重大经济损失。

到鞍钢之后，雷锋仍不忘在思想上严格要求自己。在鞍钢工作的那段日子里，他一直坚持向望城县委的领导写信汇报思想和工作情况。雷锋在望城县委的老领导们也一直关心着这个从望城县走出去的"苦伢子"。

一次，雷锋收到县委领导的一封信，信中说希望雷锋在伟大的工人阶级队伍中，艰苦奋斗，永不忘本，把自己锻炼成一个具有共产主义觉悟的真正的社会主义工人……雷锋一直牢记着信中老领导对他的谆谆教诲和殷切期望，并把这些话语变成了他在工作和生活中的一种激励。

在鞍钢工作期间，雷锋在生活上向最低标准看齐，在工作上向最高标准努力。雷锋上下班总是穿着一套工厂发的劳动服和大头鞋，业余时间也还是这身打扮。后来，在同事们的劝说下，他也曾为自己购置过一些当时颇为时髦的衣物，但他却仅仅穿过一次。据他的同事回忆，雷锋觉得自己在工作上还没有做出任何成绩，却讲究起穿戴来了，这是很不应该的。于是，这些衣物再也没有在雷锋身上出现过。直到雷锋去世多年以后，我们才在当年保存下来的雷锋的遗物中发现了这些衣物，我们也才知道，这个亿万中国人心中的偶像，原来也和大多数年轻人一样喜欢时尚。

1960年，在那个格外寒冷的冬天，辽阳兵役局的领导为"小个子雷锋"开了一个"后门"。雷锋终于如愿以偿被批准参军。在入伍后短短的几个月里，这个"后门兵"的"好人好事"源源不断。有人惊讶，有人敬佩，也有人不解……雷锋在1961年5月4日的日记中这样写道："我为党做了些什么？当我想起党的恩情，恨不得立刻掏出自己的心，当想起我所经历的一切太平凡了的时候，我就时刻准备着：当党和人民需要我的时候，我愿意献出自己的一切。"

1960年，雷锋由一名钢铁工人变成了一名光荣的解放军战士。雷锋参军，也是颇费了一番周折的。1959年12月，时任雷锋后来所在团军务参谋的戴明章来到辽阳，他负责那一年辽阳的接兵工作。当时部队征兵要求非常严格，主要有两个方面的要求：第一是身体条件，第二是政治审查。这次招的主要是工程兵，因为工程兵的劳动强度比较大，所以对身体条件的要求更为严格。身高仅有1.54米的雷锋没有通过体检。

戴明章在1959年12月22日的日记中记录了当时新兵的体检

情况："一大伙人围着一个不太高的小伙子，听他挥舞着小拳头大讲家庭如何贫困，怎样受日本帝国主义压迫，表示参军是为了保卫祖国，为阶级弟兄报仇……当他见我凑拢过去之后，便靠近我，并用手拉着我的衣襟，死命纠缠住我，非要我批准他当兵不可，逗得周围的人们好笑。经我询问体检组的护士，她们告诉我，他叫雷锋。"

没有通过体检的雷锋非常焦急，于是他跑去兵役局，找到了时任辽阳兵役局政委的余新元，他向余新元表达了他想当兵的决心。当他在余新元面前打开装着他全部家当的小箱子时，余新元惊呆了，映入他眼帘的是整整齐齐摆放着的《毛泽东选集》。更令他震撼的是，当余新元翻开《毛泽东选集》后，他看到在书的空白处，密密麻麻地写满了雷锋的阅读体会。余新元不仅喜欢上了这个小伙子，而且打心里敬佩他。余新元知道这一定是一个非常认真，而且又有着一股韧劲儿的好小伙儿。

以认真的态度做好打扫卫生这样不起眼的小事情，是雷锋十分重要、非常优良的品质。每到一个新的环境，雷锋都是从做这样的小事儿开始努力的，这也是他从16岁开始做通讯员工作时就养成的好习惯。雷锋在余新元家住了58天，天天去兵役局帮助做些力所能及的事情，他的热情和行动渐渐感动了兵役局的人。与此同时，雷锋在鞍钢的突出表现，也赢得了部队领导的重视。在雷锋的坚持下，经过多方面的努力，在考核了他的政治表现之后，兵役局的领导为"小个子雷锋"开了一个"后门"。雷锋终于如愿以偿被批准参军。

1960年1月8日,一列载满了新兵的火车从辽阳出发了,雷锋就是这些新兵中的一员。雷锋人生中最重要的一段旅程伴随着火车汽笛的一声长鸣起步了。

来到部队以后,"后门兵"雷锋竟被选为新兵代表在团欢迎大会上讲话,他的口才给大家留下了深刻的印象。据雷锋生前所在团宣传干事陈广生回忆:"我们的团长吴海山致欢迎词:'欢迎新战士入伍,希望新战士都争当五好战士。'(雷锋)记住了这话,发言的时候,(很幽默)地说:'刚才首长号召我们新战士入伍以后,都争当五好战士。什么五好、六好、七好、八好的,我看只要有党的领导,有老大哥的帮助,几好都能当上。'(雷锋的风趣幽默)把全场都逗笑了。" 对于当年雷锋在欢迎新兵入伍大会上那场精彩的演讲,他的战友乔安山至今记忆犹新。每每回忆起这件事,乔安山老人的眼里总是闪着敬佩的光:

那天,我记得,首长首先讲话,接着是老战士代表发言,很快就轮到雷锋发言了。

只见他从新兵队列中走出来,沉着地走上讲台,向我们敬了个刚刚学会的军礼,然后掏出演讲稿:"敬爱的首长和老大哥同志们,让我代表新战士……"一句话没讲完,一阵大风吹来,把他的演讲稿弄乱了。那天的风特别大,我们又是在操场上举行的大会。

他急忙用冻得发抖的手把演讲稿弄平,可没讲两句,风又把演讲稿弄乱了。

他索性把演讲稿收了起来。我当时真的有些担心，"没有稿子，可怎么发言啊？"雷锋似乎一点都没有受到影响，他继续讲到："我们这些新战士能在20世纪60年代开始的日子穿上军装，扛起枪杆，来保卫祖国，感到非常光荣。"没了讲稿，他似乎比拿着讲稿说得更流利了。

"我们来自祖国的四面八方，有工人，有社员，也有学生。可我们只有一个心愿：为了保卫祖国，一定要当个像样的兵，决不辜负首长和老战友的期望……"

发言一结束，台下立即响起了热烈的掌声，大家都被这个小个子且有着浓重湖南口音的小伙子吸引住了，他似乎总有一种魔力，知道每个人的心思，说出了每个新兵的心声。连主席台的团领导也站起来鼓掌，向他表示祝贺。

雷锋所在部队是一支有着光荣历史的部队，新兵雷锋决心以实际行动发扬优良传统。开饭时，他主动给大伙读报，宣传党的方针政策；休息时，他教大家唱歌，让这个大家庭里充满乐趣与温暖；训练时，他严格要求自己刻苦训练。由于他身小臂力弱，开始练投手榴弹时成绩不合格，于是每天天不亮雷锋就悄悄溜出去练习，十几天后，他终于和其他同志一样在实弹考核中得到了优秀……面对党发出的"勤俭节约，共渡难关"的号召，雷锋更是积极响应，从一点一滴做起，不知不觉中，就又成了部队上的节约标兵。他做了一个节约箱，这个箱子成了他的宝贝，里面积攒着他捡来的螺丝钉和牙膏皮。部队一年发两套军装，他为国家节约，只领一套。每当有人问他为什么只领一套时，他总是笑着说："我省着点儿，一套够穿了。"

新兵训练结束后，因为有团山湖农场的拖拉机手、鞍山钢铁厂推土机手的经历，雷锋被分配到运输连当了一名汽车兵。针对缺少教练车的现状，他带领大家做了一个汽车驾驶台。雷锋废寝忘食地学习技术，被大家一致推举为技术学习小组长。1960年5月份，雷锋成为一名合格的驾驶员，被分到二排四班，开着一台13号解放车上了建设工地。汽车兵雷锋在新的岗位上创造着新的辉煌，别人手里的"耗油大王"车，到了他的手里就成了"节油标兵"车。在每次运输水泥结束后，雷锋还总是小心翼翼地把散落在车厢里的水泥收集起来，久而久之，竟有了1000多公斤。

对自己，雷锋的节约是出了名的。他脚上穿的一双袜子补了又补，已经看不出本来的颜色，可他仍然舍不得扔。但是对同事、对人民，雷锋的热情却像他日记里写的一样——"春天般的温暖"。战士小周的父亲生病，雷锋寄去10元钱；乔安山的母亲生病，雷锋又寄去10元钱……

1960年八九月间，雷锋所在团政治处连续收到两封表扬雷锋的来信。这两封信，一封是中共辽阳市委写来的，另一封是抚顺市望花区和平人民公社写来的。望花区和平人民公社成立后，雷锋取出全部积蓄200元捐给公社，公社只收了100元，剩下的100元，雷锋又捐给了辽阳灾区。要知道，在每个战士每个月只有6元津贴

1960年9月，入伍后的雷锋

费的时代，200元可以算是巨款了。这事对团机关震动很大，团政委韩万金非常重视这件事。韩政委想起了就在不久前听到的关于雷锋的另一件事：部队在野外打猪草时，一个战士由于饥饿，早饭的时候就把午饭一起吃光了。到了午饭时间，雷锋主动把自己的口粮让给了这个战士。1960年，中国正处于极度困难时期，每个人的口粮都是异常珍贵的。韩政委眼里饱含热泪，动情地说："雷锋是在勒着裤腰带为我们做好事啊！"

韩万金政委立刻指示团政治处派人把雷锋的事迹整理出来上报下发。这份材料最初叫《雷锋同志模范事迹材料》，后来被雷锋亲自改为《解放后我有了家，我的母亲就是党》。这个材料重点表扬了雷锋"为了人民勤俭节约、积极支援社会主义建设"的行动，表扬了雷锋拿出自己的全部积蓄支援灾区、支援人民公社等壮举。

这时人们才知道，在短短的几个月里，雷锋的好人好事竟然源源不断。一时间，人们被这个相貌平平、品格高尚的小战士折服了。但也有不理解的人说，雷锋是傻子。雷锋笑而答之："我是甘心愿意做这样的'傻子'的！"他在1961年5月4日的日记中这样写道："我为党做了些什么？当我想起党的恩情，恨不得立刻掏出自己的心，当我想起我所经历的一切太平凡了的时候，我就时刻准备着：当党和人民需要我的时候，我愿意献出自己的一切。"

因为雷锋的突出表现，入伍10个月，即1960年11月8日，他就加入了他梦寐以求的中国共产党，成为一名中国共产党党员。

唱支山歌给党听,

我把党来比母亲,

母亲只生了我的身,

党的光辉照我心,

…………

这是一首传唱了几代人,迄今仍十分流行的歌曲。这首歌的歌词就摘抄自《雷锋日记》。7岁成了孤儿,是党给了雷锋新的生命,是新社会给了他做人的尊严。因此,在他短暂的一生中,雷锋时刻牢记自己的一切都是党给的,心中始终涌动着对党的无限感恩之情。正是基于这样的情感,他把身边的每个人、每件事都当成了他报答党的恩情的突破口。

各级组织也开始对这个小个子新兵的平凡事迹格外地关注起来。1960年国庆前夕,沈阳军区工程兵政治部宣传助理员张峻被派到雷锋所在团做调查。张峻后来回忆说,第一次见面,雷锋就给他留下了深刻的印象。

那是一个礼拜天,我去的时候雷锋不在,大家说他可能是肚子疼,到后勤的卫生所看病去了。我们就在连部等,等到中午的时候,听到外头敲锣打鼓,我们问:"干啥呢?"战士告诉我们说:"有人来送感谢信。"我们出去看到来了许多人,拿着大红纸写了一张海报（感谢信）。内容是感谢咱们部队有个小战士，在他们扩建校舍的劳动中对他们给予的帮助。后来，经调查我们才知道，那天抚顺本溪路小学，就是现在的抚顺中学，正好在扩建修建校舍，工地上正在干活的时候，推砖的供不上了，供不应求。学校喇叭里说"推砖的同志们要加油啊"。路过的雷锋看了很着急，他顾不上去卫生所看病，脱下衣服就推起砖来，其他的民工也跟着干起来，保证了施工的正常进行。学校领导十分感激，特地来部队感谢这位不知名的小战士。当时的情况是，外面敲锣打鼓，却没人来接感谢信。我告诉指导员高士祥："赶快去接呀，怎么回事儿？"高士祥说："肯定是雷锋。"把雷锋找来一问："是不是你？"雷锋不好意思地承认："是我在那儿干的。"我这是第一次认识雷锋。

不久，张峻带着自己写好的大约3000字的文章《节约标兵——雷锋》，以及4张配文的图片来到前进报社。1960年11月23日，沈阳军区工程兵政治部发出《关于在部队中开展学雷锋、赶雷锋运动的指示》。11月26日，沈阳军区的《前进报》用两个整版的篇幅宣传雷锋的事迹。11月27日，雷锋荣立二等功，作为立功代表在全团授奖大会上发言。12月1日，《前进报》继续用一个版的篇幅，发表文章呼吁学习雷锋，并首次发表了《雷锋日记》摘抄。接下来的一周的版面里，又找了11个雷锋的战友来撰写雷锋的先进事迹，从各个角度来报道雷锋。

雷锋的影响迅速扩大，越来越多的人知道了雷锋和他的事迹。

一个月后，新华社驻沈阳军事记者佟希文和李健羽，也领受了采访雷锋的任务。佟希文和李健羽回忆了当时的采访情况：

  雷锋不是我们宣传出来的，早在宣传之前他就很有名气了。1960年10月，《前进报》总编辑嵇炳前把我们两人叫去，说是报社收到一篇自然来稿，反映一个叫雷锋的新战士艰苦朴素的事儿。说着，嵇炳前就把稿子递给我们。我们一看，这个新兵入伍还不到10个月，捡牙膏皮，补袜子，给人民公社捐款，好事做了很多。当时我们认为，国家正是困难的时候，党强调奋发图强，雷锋做到这点不简单，也非常可爱。嵇炳前就要求我们到部队了解了解，见见这个战士。我们就到了军区工程兵政治部，见到了王副主任，请他给我们找一找雷锋是哪个部队的。王副主任说："雷锋这几天就在沈阳，要到辽宁师范大学作忆苦报告。"这时的雷锋已经成为一个"忆苦思甜"的典型。

  我们两个一商量，决定去现场感受一下。到雷锋作报告的那一天，我们俩和学生坐在一起听。听到雷锋讲自己的苦难身世，心里难过得受不了。雷锋不仅讲过去的苦，也讲党对他的培养，讲他现在的工作。上面讲着，下面哭着，有些学生哭得呜呜的。这时口号声突然响起来了："雷锋的苦就是我们的苦，雷锋的仇就是我们的仇。"一个同学领着喊完，另一个同学又站起来领着喊："向雷锋学习！""向雷锋学习！"那个场面太激动人了。这场报告对我们俩来讲，首先解决了情绪感染问题，都觉得这个战士实在可爱，他不仅仅是个节约的典型。嵇炳前那天也听了报告，激动地说，要报个大典型。

上火车以后，我们抓紧时间，又和雷锋直接交谈。他的谈吐很实在，从他带的三本日记和笔记来看，我们发现这个小伙子很注重学习，……在（和雷锋）唠的过程中，我们就发现一个事情。走过来一个老工人问："雷锋最近到哪儿去了？"一会儿，又走来一个小孩子问："雷锋叔叔你上哪儿去了？"列车员又在旁边跟我说："这是和你们谈话，不然的话他早闲不住了。不是打扫车厢就是给大家倒水，再不就是到哪个站下车扶老携幼，帮着照顾老人，帮着照顾小孩儿。"我们就越发觉得这个战士是在群众当中的。

雷锋给人们的印象是如此的亲近平凡的生活，同时又完美地超越了生活的平凡。1960年11月，佟希文和李健羽合写的稿子完成了，题目是《党的好后生》。稿子写好后，他们拿给当时的沈阳军区副政委杜平看。杜平独具慧眼，看完稿件，挥笔写下了"毛主席的好战士——雷锋"这几个字。1960年11月26日，这篇稿件在《前进报》上登了两个半版。《前进报》发表这篇文章的同时还配发了社论，题目是《不忘过去，发奋图强》。不久，《人民日报》《中国青年报》《解放军报》都做了转载。

随着《毛主席的好战士——雷锋》这篇文章的发表，一场以雷锋为典型的宣传活动在部队内外拉开了序幕。

1960年年底，一个阳光灿烂的上午。运输连刚刚从第一汽车制造厂接来一辆解放牌拉水车。副连长白福祖将新车开进了车场。摄影员季增请白福祖将汽车方向做了一个调转，使车头"解放"两个字处于高光的位置。雷锋则被摄影员季增安排抬头远望，用他那只曾经被地主婆砍过三刀的手擦拭着车头的"解放"二字。这是我们都非常熟悉的一张照片，照片中雷锋的眼里荡漾着新中国成立后的喜悦，脸上洋溢着青春的笑容。他发自内心地给我们展示了只有解放了，才有这样幸福的生活。

1961年第三期《解放军画报》以《苦孩子，好战士》为题，发表了这张照片。后来，季增又与张峻同志一起重拍了一次，这次用的是彩色胶卷，作品发表在《中国摄影》杂志上。

这时，雷锋的名字在东北大地已经家喻户晓。从1961年开始，雷锋经常应邀去外地作报告。沈阳、大连、海城、辽阳、丹东、本溪、长春、吉林、旅顺、通化等地都留下了他的足迹，出差的机会多了，为人民服务的机会就更多了。当时，坊间流传着这样一句话："雷锋出差一千里，好事做了一火车。"

一次，雷锋外出在沈阳站换车的时候，一出检票口，就发现一群人围看一个背着小孩的中年妇女，原来这位妇女从山东去吉林看丈夫，车票和钱丢了。雷锋用自己的津贴费买了一张去吉林的火车票塞到大嫂手里，大嫂含着眼泪说："大兄弟，你叫什么名字，是哪个单位的？"雷锋说："我叫解放军，就住在中国。"

1961年5月的一个傍晚，风雨大作，在驻地擦拭车辆的雷锋看见一位妇女抱着一个小男孩，还领着一个大一点的男孩正艰难地走在路上。雷锋跟单位请了假，取来自己的雨衣披在抱小孩的大嫂身上，又抱起大一点的男孩，路上雷锋见男孩冷得发颤，又把自己的军装脱下来给男孩穿上，雷锋和他们在雨夜走了十几里山路，坚持把他们送到了亲戚家中。那位妇女感激地说："同志，我可怎么感谢你呀！"雷锋没有停留，和他们告别后自己又走了十几里山路回到了驻地。

过年的时候，战友们愉快地在一起搞各种文娱活动。雷锋和大家在俱乐部打了一阵乒乓球，突然想到每逢年节，服务和运输部门是最忙的时候，这些地方是多么需要人帮忙啊。于是，他放下球拍，叫上同班的几个同志，一起请假后直奔附近的瓢儿屯车站，这个帮着打扫候车室，那个给旅客倒水，雷锋把全班都带动起来了。

…………

雷锋就是这样永不停息地、全心全意地为人民做好事，难怪人们一见到为人民做好事的人就会情不自禁地想起雷锋。雷锋作"忆苦"报告的反响也非常大。请他作报告的除了兄弟部队，还有国家机关、学校、工厂等。雷锋不辞劳苦地到处演讲，嗓子都哑了。每当讲到自己的亲人亡故的故事时，雷锋都忍不住要大哭一场，这对他的身体多少有些影响。1961年春末的一天，雷锋从兄弟部队作巡回报告10多天以后回到连里，在和连长虞仁昌谈话时，连长发现他的脸色发白，就问他是不是生病了。雷锋故作轻快地回答："没有什么，只是近来常常睡不好觉，到12点还睡不着。"

尽管十分疲惫，但是雷锋打心里觉得这是一件非常有意义的事情。当时,雷锋用自己的苦难家史引导人们对新旧社会进行对比,激发大家热爱新中国、热爱社会主义。"向雷锋学习""为社会主义建设贡献自己的一切",大家形容雷锋是一团火,一时间"雷锋式"的好人好事不断涌现。

雷锋为人民做的好事越来越多,人民也把自己最大的信赖给予了雷锋,各种荣誉接踵而至。

一直得到雷锋照料的烈属张士霞大娘向部队提出,要推选雷锋当抚顺市第四届人民代表大会代表。同时,雷锋担任校外辅导员的建设街小学赵老师也领着几名少先队员来到雷锋所在的运输连,代表全校师生郑重地向部队提出要推举雷锋为抚顺市第四届人民代表大会代表。

1961年夏天,在一次部队施工动员大会上,团里的韩万金政委让组织股长赵玉瑞宣读了抚顺市人民委员会的通知,并把驻地群众和建设街小学提出选举雷锋做抚顺市第四届人民代表大会代表的事做了介绍。

全团同志酝酿议论了一会儿,组织股长便高声问道:"选举雷锋同志为抚顺市第四届人民代表大会代表,大家有意见没有?"

一千多人异口同声响亮地回答:"没有!"并都举起了手。雷锋当时坐在队伍前边,只有他自己很谦虚地没有举手。

韩政委冲着他说:"雷锋! 大家选举你当人民代表,你有什么意见?"

雷锋站起来给团首长敬个礼,又转身给大家敬个礼,说:

"首长和同志们信任我，抚顺人民信任我，我是不会辜负这种信任的……"

1961年，雷锋出席了抚顺市第四届人民代表大会，他把一首诗写到了会议的文件袋上："过去当牛马，今天做主人。参加代表会，讨论大事情。人民有权利，选举自己人。掌握刀把子，专政对敌人。衷心拥护党，革命永继承。哪怕进刀山，永远不变心。"

雷锋在1961年8月3日的日记里写着："今天是我永远不能忘记的日子，我光荣地参加了抚顺市第四届人民代表大会第一次会议。象我这样一个穷孩子，能够参加这样的大会，心里有说不出的高兴和感激。"

此时的雷锋，还是一名入伍仅仅一年多的普通士兵。这段经历体现了驻地人民群众和部队战友对雷锋的厚爱和信任，于雷锋个人而言，也是其政治生命的又一次超越和升华。人民代表大会参政议政的实践，开阔了雷锋的眼界，更升华了雷锋的境界，为雷锋的成长提供了更大的政治舞台和发展空间。

从1960年1月8日入伍到1962年8月15日因公牺牲，雷锋在部队里度过了两年多的时间。在这短暂的时间里，雷锋凭借其热忱的态度、出色的表现、高尚的品格，几乎月月都获得了奖励：

1960年——

7月8日，荣立三等功；

9月，被授予"艰苦奋斗节约标兵"称号；

10月1日，荣立二等功；

11月20日，荣立三等功；

11月27日，获得"模范共青团员"称号，还被授予"学习毛主席著作积极分子"称号。

1961年——

4月，出席沈阳军区工程兵第六届共产主义青年团代表会议；

5月14日，被任命为副班长，很快又成为班长；

5月26日，当选为抚顺市第四届人民代表大会代表。

1962年——

1月，晋升为中士军衔；

2月，出席沈阳军区首届共产主义青年团代表会议；

5月，被评为"优秀校外辅导员"；

…………

正当雷锋像骏马一样，在社会主义建设的大路上疾驰、奋发图强时，一次意外让这一切戛然而止，雷锋的生命被永久地定格在充满朝气的22岁……

1962年8月15日，细雨霏霏，一个本来平常得不能再平常的日子。上午8点多钟，雷锋和他的助手乔安山驾车从工地回到驻地。他们把车开进连队车场后，发现车身上溅了许多泥水，雷锋便不顾长途行车的疲惫，立即让乔安山发动车到空地去洗车。经过营房前一段比较窄的过道时，为安全起见，雷锋站在过道边上，扬着手臂指挥乔安山倒车转弯："向左，向左……倒！倒！"一切都显得那样的自然。突然，汽车左后轮滑进了路边水沟，车身猛一摇晃，骤然碰倒了一根平常晒衣服被子用的方木杆子。这根长4.2米、重13公斤的晒衣杆,猛然砸在雷锋的太阳穴上。雷锋当场昏倒在地,倒在了他擦洗了无数遍的汽车旁……

连长虞仁昌赶紧派白副连长开车把雷锋送到了西部医院。在西部医院的病床上,雷锋不省人事,浑身抽搐。雷锋的体温过高,虞仁昌跑到楼下买了一箱冰棍给他降温。温度刚降下去,雷锋的呼吸却突然停止了。

一个医生立刻给雷锋做人工呼吸,他的呼吸又恢复了。

经诊断,院长严肃地对部队领导说:"伤势很重,是颅骨骨折,内部出血,有生命危险,得立即做手术,但我们医院做开颅手术不行,马上派车到军区总院,把脑外科段主任请来。"于是,白副连长和团军务股长飞速赶往沈阳。

此时,雷锋每10多分钟抽一次,后来达到五六分钟抽一次,之后就停止了呼吸。西部医院的医生们竭尽全力对他进行了最后的抢救。可是,人们的祈求和医生们的努力还是未能留住雷锋的生命。

1962年8月15日12时05分,雷锋的心脏停止了跳动。

因为雷锋生前是抚顺市第四届人民代表大会代表,因此如何办理雷锋的葬礼,部队的领导必须要跟抚顺市人大常务委员会汇报。与此同时,抚顺市也决定把追悼会开得隆重些,这就意味着悼念雷锋的范围从部队扩大到了全社会。

8月16日清晨,抚顺广播电台播出了雷锋因公牺牲的消息。各级单位纷纷送来花圈表示哀悼。花圈多得数不胜数,还有雷锋辅导过的小学生们亲手扎的白花、折的纸鹤。

8月17日13时,"公祭雷锋同志大会"在抚顺市望花区区委礼堂举行。雷锋的灵柩停放在主席台正中,灵柩上覆盖着鲜红的军旗,军旗上安放着雷锋的军帽。沈阳军区送来的两米多高、扎有彩蝶的花圈摆放在灵柩旁。雷锋身着军服的遗像庄严地挂在主席台正中央,遗像被鲜花和翠柏环绕着。主席台两侧分别挂着"学雷锋不怕苦,不畏难,以行动作纪念,争当五好战士""学雷锋对敌狠,对己和,化悲痛为力量,共练杀敌本领"的条幅。

前来祭奠的群众越来越多,礼堂站不下,就往院子里站,最后站到了大街上。为了能让大家都听到哀乐,院子里临时架起了高音喇叭。追悼会上,团政委韩万金致悼词,指导员高士祥介绍了雷锋的生平事迹,乔安山和他的战友手握钢枪为雷锋护灵。

追悼会结束后,雷锋的灵柩就要被送到烈士公墓安葬了。天色阴沉,大家的心情格外沉重。

从望花区人民政府大院到抚顺第七百货商店的和平路仅有1公里,但由于马路两旁的人太多,灵车车队行驶速度不得不放到最慢,时开时停,用了1个多小时还没走完。

群众自发戴上白花和黑纱,跟随在车队后面,送葬的队伍浩浩荡荡。越来越多的人听到雷锋去世的消息,纷纷走上街头,送他们心中的好人最后一程。不久,从抚顺第七百货商店到戈布北沟烈士公墓的10多公里长街两旁形成了两堵厚厚的人墙。当时只有70万人的抚顺,就有10多万人给雷锋送葬。

到了公墓，战友们已经提前挖好了墓穴。墓穴位于公墓的东山坡，坐东朝西。下葬的形式完全是按照抚顺的地方风俗进行的。

战友们小心地把雷锋的灵柩从车上抬下来。他们是如此的仔细，不敢有一点歪斜，仿佛生怕惊动了睡梦中的雷锋。战友们说，平时雷锋难得有闲着的时候，就让他好好地睡吧！雷锋的棺木被非常平稳地放进了墓穴。战友们转了好几圈，谁也不愿意埋土、不愿意离开雷锋……填完土后，战友们又绕坟墓转了一圈又一圈……谁都不愿意相信，那个热情洋溢、活力四射的雷锋，那个和他们朝夕相处、健谈幽默的雷锋，就真的凝结成为木质墓碑上几行刚劲有力的大字——

中国人民解放军三三一七部队班长　抚顺市人民代表雷锋烈士之墓

一九六二年八月十七日

雷锋就这样匆匆地走了，带着未竟的事业，带着未了的心愿。为了让更多的人知道雷锋、学习雷锋、缅怀雷锋，雷锋生前所在班的战士始终在思考这样一个问题：用什么样的方式可以把"雷锋"这个名字永久性地记载下来。后来，经团政委韩万金提醒，雷锋生前所在班的战友们以集体签名的方式，向连队党支部和上级提出申请，希望上级批准用"雷锋"的名字给四班命名。

雷锋班申请

党支部：

　　雷锋生前是我们的亲密战友。他虽然牺牲了，但他那种先进思想和光荣的事迹，将永远活在我们的心里。我们决心以雷锋烈士为榜样，学习他对阶级敌人的刻骨仇恨，对党和毛主席的无限热爱；学习他坚强的革命意志；学习他艰苦朴素，不乱花一文钱，处处注意节约，热情支援人民公社和灾区人民生活的高尚品德；学习他活学活用毛主席著作的苦钻精神；学习他对工作积极负责，完成任务坚决的模范行为。他的许多优秀品德和高尚风格都是我们永远学习的榜样。我们四班为纪念和发扬雷锋烈士的光荣事迹，经过热烈的讨论，大家一致表示，决心继承雷锋烈士的革命精神，把雷锋烈士的事迹一代一代地传下去。为此，全班同志特请求上级党委和首长批准我们为"雷锋班"的光荣称号。我们全班都有决心一定要练好过硬本领，发扬硬骨头作风，无论什么时候，都能拉得出去，完成一切任务，处处给全连树立榜样，坚决巩固四好班的光荣称号，珍惜"雷锋班"的荣誉，决心做毛主席的好战士。

　　四班全体战士：张兴吉、周述明、王继学、陈庆林、田生绵、韩玉臣、乔安山、庞春学、蔡永海、于泉洋

1962年10月12日于抚顺市

　　1963年1月7日，国防部正式命名雷锋生前所在的四班为"雷

锋班"。

国防部给沈阳军区的批复

你们请示授予3317部队运输连四班以"雷锋班"称号的报告收悉，同意你们的意见，批准授予3317部队运输连四班以"雷锋班"称号。望鼓励四班的同志，保持和发扬这一荣誉，学习雷锋同志的优秀品质。

1963年1月7日

得知这个消息，很多战士都抑制不住地哭了……

1963年3月5日，毛泽东亲笔题词"向雷锋同志学习"。毛泽东一生只给三个人题过词——白求恩、刘胡兰和雷锋，而新中国成立以后，只有雷锋这个普通的士兵获得此殊荣。

就在毛泽东等老一辈革命家给雷锋的题词发表后不久，1963年4月，《雷锋日记》由解放军文艺出版社出版，在全国发行，这也是第一本正式出版的《雷锋日记》。

雷锋，只是中华人民共和国历史上一名普通的士兵。他并没有做出什么气吞山河的壮举，更没有牺牲在炮火纷飞的战场，而是在22岁时殉职于在和平时期执行例行任务中发生的意外事故。他牺牲的时候，10万余名市民自发为他送行。在他去世的第二年，国家主席、国务院总理等党和国家领导人纷纷为雷锋题词，悼念这位普通的小个子士兵。从这个意义上来说，雷锋享有了一个士兵所能享有的最高荣誉。

随之而来，一场规模空前的学雷锋、争先进、做新人的群众性活动瞬间风起神州大地。那时那地，人人都把服务他人、助人为乐当作一种精神享受。

在雷锋离开的几十年里，他的影响其实从未离开过我们。

只要稍稍留意就会发现，我们的生活中到处都有雷锋的影子——雷锋体育场、雷锋学校、雷锋储蓄所、雷锋纪念馆，以雷锋的名字命名的建筑物或单位遍布全国各地；学雷锋小组、学雷锋研究会、学雷锋基金会、雷锋车队、雷锋公司，民间的学雷锋社团组织活力无限。更有层出不穷的雷锋图书、雷锋雕塑、雷锋歌曲等，雷锋精神融入了社会的血液和细胞。

雷锋精神，这一融民族传统美德、社会进步潮流、党的先进本色为一体的精神样本，永远坚守着社会主义中国的精神高地。每年的3月5日，通过学雷锋实践活动，公民的奉献意识得以强化、社会道德观念得以升华。

无论是老师、学生还是工人、农民，无论是军队将帅还是普通士兵，在持续不断的学雷锋实践活动中，他们以各种各样的形式参与其中，并养成了一生的习惯，比如公交车上让座，捡到东西无偿归还，比如见义勇为觉得理所应当，无偿献血感到无上光荣，帮助别人打心底里高兴⋯⋯

直至今日，雷锋都无可争议地成为社会主义新时代的标杆和典范。一代代新人沐浴着雷锋精神的阳光，健康成长。这也是对雷锋最高规格的缅怀吧。

我们坚信，雷锋这个名字，永远代表着祖国的春天；雷锋精神，将永远闪耀在神州大地上……

后记

　　生逢这样一个伟大的时代，我们在为永远不远、未来已来振奋的时候，更不应该忘记雷锋——那个执着于为人民服务的青年。在22年短暂的人生中，从家乡望城到北国鞍钢、辽阳，再到营口、抚顺、铁岭的火热军营，雷锋的人生轨迹是闪光的，生活脉络也是清晰的。就是这样一名温暖的解放军基层士兵，穿越时空，带给我们一份历久弥新的爱与希望。当年的父辈，聆听着雷锋"好事做了一火车"的故事，赞美着雷锋"雨夜送亲人"的故事，颂扬着他甘当一颗螺丝钉的奉献精神，以及俭以养德的高尚品格。今天的我们，面对这样一个最熟悉的陌生人，不只在赓续雷锋的精神，更尝试着走进他的精神世界：奋力在还原细节中感知雷锋精神的崇高和伟大，努力在追求构筑精神的完美中与雷锋产生共鸣，聚力在学习英雄、尊重英雄、争做英雄的追光道路上，期待着与雷锋于某年某月某日在某个人生必经的路口重逢。

　　2018年9月28日，习近平总书记参观抚顺雷锋纪念馆并发表重要讲话。他指出，雷锋是时代的楷模，雷锋精神是永恒的。实现中华民族伟大复兴，要不断闯关夺隘，也需要更多的时代楷模。雷锋，就是这样被一代又一代学习的时代楷模。如今，千万个雷锋已经骄傲地站了出来，在乡村振兴的主战场，在强国强军的道路上，在逆行抗疫的勇士中，都有他们冲锋的身影：他们的名字无人知晓，他们的功绩天下扬名。我们要把雷锋精神更好地传承下去，就要把崇高的理想信念和人生价值追求融入日常的工作和生活中，在自己平凡的岗位上做一颗永不生锈的螺丝钉。

"潮平两岸阔，风正一帆悬。"在这样一个属于奋斗者的新时代，让我们高举起雷锋精神的大旗，勠力同心、砥砺奋进，向着壮丽的人生诗篇和璀璨的信仰光芒进发！

本书由刘巍担任主编，钟娅、马丽娜担任副主编，王顺利、赵区医、季玉静收集了大量资料，解放军党史军史研究中心军事人物研究室对本书的编撰给予了无私的帮助，湖南人民出版社的编辑为本书的出版付出了辛勤的劳动。此外，本书参考了一些优秀记者的采访报道和相关专家的研究成果。书中摘录的《雷锋日记》文字，来自辽宁人民出版社于2020年3月出版的《雷锋日记》。在此，一并表示衷心的感谢！

由于编撰时间仓促，加上水平有限，难免有疏漏之处，敬请学界前辈、同仁和广大读者批评指正。

本书编委会
2023年1月